尚书·礼记

卷一

〔东汉〕孔安国 戴圣 著

图书在版编目（CIP）数据

尚书·礼记／[东汉] 孔安国，戴圣著.— 北京：北京工艺美术出版社，2020.8
（品读经典：双色线装）
ISBN 978-7-5140-1583-6

Ⅰ.①尚…　Ⅱ.①孔…　②戴…　Ⅲ.①中国历史－商周时代　②礼仪－中国－古代　Ⅳ.①K221.04　②K892.9

中国版本图书馆CIP数据核字（2018）第212466号

出 版 人：陈高潮
责任编辑：冯淑泰
装帧设计：书心瞬意
责任印制：高　岩
法律顾问：北京恒理律师事务所
丁　玲　张　磊

尚书·礼记

〔东汉〕孔安国　戴　圣　著

出　版　北京工艺美术出版社
发　行　北京美联京工图书有限公司
地　址　北京市朝阳区焦化路甲18号
中国北京出版创意产业基地先导区
邮　编　100124
电　话　(010) 84255105（总编室）
(010) 64283630（编辑室）
(010) 64280045（发　行）
传　真　(010) 64280045/84255105
网　址　www.gmcbs.cn
经　销　全国新华书店
印　刷　北京楠萍印刷有限公司
开　本　889毫米×1194毫米　1/16
印　张　40
版　次　2020年8月第1版
印　次　2020年8月第1次印刷
印　数　1～3000
书　号　ISBN 978-7-5140-1583-6
定　价　380.00（全四卷）

前言

《尚书》原称《书》，汉代改称《尚书》。汉武帝时，《尚书》被尊列为儒家经典，故又称之为《书经》。

《尚书》是我国早期几个王朝官方档案文件的汇编，也是记言体史书。由上古各朝史官记录保存，不是成于一人之手，后来由孔子编定，成书于春秋末战国初。流传至今的《尚书》包括《今文尚书》和《古文尚书》两部分。《今文尚书》共二十八篇，《古文尚书》共二十五篇。《古文尚书》由汉代学者孔安国编订。

《尚书》是以记言为主的史书，它按朝代分为《虞书》《夏书》《商书》《周书》四个部分。按文体分，又分为诰、训、谟、誓、命、典六种。

《尚书》是我国现存最古老而完整的史书，它是对我国原始社会末期及文明社会初期历史最原始、最真实的记录，保存了我国上古时代极为珍贵的史料。

《礼记》是战国及西汉时期各种礼仪著作的一部选集，后被列为儒家经典。全书共二十卷，四十九篇。西汉戴圣编辑，大约成书于西汉宣帝时期。

《礼记》虽由戴圣集辑，但各篇作者并非一人，故全书体例不一。四十九篇篇名有以篇首若干字命名者，亦有以全篇大旨命名者；文体有议论文，也有记录体、对话体；有全篇语气贯通，文义一贯者，也有前后不相属，为若干篇杂凑者。

《礼记》的内容，西汉刘向撰《别录》曾经将其分为十类，即制度、通论、明堂阴阳、乐记、丧服、世子法、祭祀、子法、吉礼、吉事。刘向是按篇分类的，若把各篇综合而言，其内容无非两类：礼乐的理论和具体制度。在礼乐制度方面，《礼记》阐述了礼乐的起源、发展、本质及其社会功能，其中突出封建宗法主义。在制度方面，《礼记》则详细地叙述了自古而来的一系列礼乐仪式的具体规定和形式，其中以祭礼和丧礼最为突出。

《礼记》卷帙浩繁，内容驳杂，体例不一，但内容丰富，涉及广大，包罗万象，具有重要的学术价值。

以上两部先秦典籍，对中国文化的发展产生了较为深远的影响，也是重要的儒家经典。但由于年代相当久远，文字古奥，佶屈聱牙，艰涩难懂。为了方便广大读者的阅读和理解，本书选录原籍中的经典篇目，对原文作了详细的注解，译文对照原文全译，力求辞意准确，通俗流畅。但毕竟是上古之书，相当多的问题至今仍存有较大的争议，建议读者在阅读时要有自己的判断。

目录

卷一

尚书

礼记

卷二

卷三

卷四

尚书

益稷

帝曰：『来，禹！汝亦昌言。』禹拜曰：『都！帝，予何言？予思日孜孜。』皋陶曰：『吁！如何？』

禹曰：『洪水滔天，浩浩怀山襄陵，下民昏垫。予乘四载，随山刊木，暨益奏庶鲜食。予决九川距四海，浚畎浍距川。暨稷播，奏庶艰食鲜食。懋迁有无化居[①]。烝民乃粒，万邦作乂。』皋陶曰：『俞！师汝昌言。』

禹曰：『都！帝。慎乃在位。』帝曰：『俞！』禹曰：『安汝止，惟几惟康。其弼直，惟动丕应。徯志以昭受上帝，天其申命用休。』

帝曰：『吁！臣哉邻哉！邻哉臣哉！』

禹曰：『俞！』

帝曰：『臣作朕股肱[②]耳目。予欲左右有民，汝翼。予欲宣力四方，汝为。予欲观古人之象，日、月、星辰、山、龙、华虫，作会；宗彝、藻、火、粉米、黼黻、絺绣，以五采彰施于五色，作服，汝明。予欲闻六律五声八音，在治忽，以出纳五言，汝听。予违，汝弼，汝无面从，退有后言。钦四邻！庶顽谗说，若不在时，侯以明之，挞以记之，书用识哉，欲并生哉！工以纳言，时而飏之，格则承之庸之，否则威之。』

禹曰：『俞哉！帝光天之下，至于海隅苍生，万邦黎献，共惟帝臣，惟帝时举。敷纳以言，明庶以功，车服以庸[③]。谁敢不让，敢不敬应？帝不时，敷同日奏，罔功。』

帝曰：『无若丹朱傲，惟慢游是好，傲虐是作。罔昼夜额额[④]，罔水行舟。朋淫于家，用殄厥世。予创若时。』『予娶涂山，辛壬癸甲。启呱呱而泣，予弗子，惟荒度土功。弼成五服，至于五千。州十有二师，外薄四海，咸建五长，各迪[⑤]有功。苗顽弗即工，帝其念哉！』

帝曰：『迪朕德，时乃功惟叙。皋陶方祇厥叙，方施象刑惟明。』

夔曰：『戛击鸣球、搏拊、琴瑟，以咏。』祖考来格，虞宾在位，群后德让。下管鼗鼓，合止柷敔。笙镛以间，鸟兽跄跄⑥。《萧韶》九成，凤凰来仪。夔曰：『於！予击石拊石，百兽率舞。』庶尹允谐，帝庸作歌曰：『敕天之命，惟时惟几。』乃歌曰：『股肱喜哉！元首起哉！百工熙哉！』皋陶拜手稽首飏言曰：『念哉！率作兴事，慎乃宪，钦哉！屡省乃成，钦哉！』乃赓载歌曰：『元首明哉！股肱良哉！庶事康哉！』又歌曰：『元首丛脞哉，股肱惰哉，万事堕哉！』帝拜曰：『俞！往钦哉！』

【注释】

①化居：迁移居积的货物。

②股肱（gōng）：大腿和手臂。意思是得力的帮手。

③庸：劳。功劳。

④额额（é）：不愿休息的样子。

⑤迪：引导，统率。

⑥跄跄：跳舞的样子。

【译文】

舜帝说：『来吧，禹！你也发表高见吧。』禹拜谢说：『啊！君王，我说什么呢？我只想每天努力工作而已。』皋陶说：『啊！到底怎么样呢？』禹说：『大水弥漫接天，浩浩荡荡地围住了山顶，漫没了丘陵，民众沉没陷落在洪水里。我坐着四种运载工具，沿着山路砍削树木作为路标，同伯益一块把新杀的鸟兽肉送给民众。我疏通了九州的河流，让它们流到四海，挖深疏通了田间的大水沟，让它们流进大河。同后稷一块播种粮食，把百谷、鸟兽肉送给民众。让他们调剂馀缺，迁徙居积的货物。于是，民众便安定下来了，各个诸侯国开始获得了治理。』

皋陶说：『好啊！你这番话真好。』

禹说：『啊！舜帝。你要恭慎地对待在位的大臣啊！』舜帝说：『是啊！』禹说：『要尽到你的责任，考虑到天下的安危。要是用正直的人做你的辅助，只要你行动，天下便会大力响应。依靠有德的人指导接受上帝的命令，那么，老天便会再三地赞叹你。』

舜帝说：『唉！大臣即是最亲近的人，最亲近的人即是大臣！』

禹说：『对呀！』

舜帝说：『大臣是我的得力帮手。我想帮助民众，你辅助我。我想花力气治理好四方，你帮助我。我想显现古人衣服上的图案，用日、月、星辰、山、龙、雉六种图形描绘在上衣上，用虎、水草、火、白米、黑白相杂的斧形花纹、黑青相间的「已」字花纹绣在下裳上。用五种颜料做成五种色彩不同的衣服，你们要做好。我要听六种乐律、五种声音、八类乐器的演奏，从声音的哀乐探察治乱，汲取各方的意见，你们要听清楚。要是我有过失，你们便辅佐我。你们不要当面顺从我，背后又去议论。我恭敬地对待身旁的近臣！至于那些愚蠢而又爱好恶意中伤别人的人，要是不能明察做臣的道理，便用射侯之礼明确地教训他们，用棍棒鞭打从而警告他们，并把他们的罪过记录在刑书上，让他们改悔上进！做官的要采集下面的意见，好的便称颂宣扬，正确的便进献上去以便采用，做官的要是不采集意见便要惩治他们。』

禹说：『好啊！舜帝，普天之下，至于海内的民众，各诸侯国的众位贤者，全是您的臣子，舜帝您要擅长举用他们。广泛地采集他们的意见，明确地探察他们的事迹，奖赏车马衣服作为酬劳。要是如此，谁敢不让贤，谁敢不恭敬地听从您的命令？舜帝您不擅长分别，好的坏的混同在一块，即使天天进用人，也只能是劳而无功。

『不要像丹朱那般傲慢，只爱好懒惰游玩，只兴起戏谑，不分白天晚上，永不休止，洪水已经治好了，他还要乘船玩耍。又结伙在家里乱来，故而不能继承尧的帝位。我为他的行为感到悲哀。我娶了涂山氏的女儿，结婚四天便离开家去治洪水。后来，启出生来到世上，我没顾得上养育他，只是忙于思考平治水土的事。我帮忙划定五种服役地带，直至五千里远的地方。每个州设置十二个师，治理的地方靠近四海边境，又设置了五等长官，各人都参加治水，取得功劳。只有三苗不听调度，没有投身治水工作，帝君您要把这件事放在心上谨慎考虑啊！』

舜帝说：『宣布我的德教，这是你的功劳，三苗会顺从的。皋陶大力敬重那些顺从的，广泛施用五种刑罚图像来警告违反命令不顺从的人，三苗的事会处置恰当的。』

夔说：『敲起玉磬，打起搏拊，弹起琴瑟，唱起来吧！』先祖、先父的魂灵降临了，舜帝的宾客就座了，各诸侯国君登上了庙堂相互揖让。庙堂下吹起管乐，打着小鼓，合乐敲着柷，止乐敲着敔，笙与大钟交相演奏。装扮飞禽走兽的舞队踩着节奏跳舞，韶音奏了九次后，装扮凤凰的舞队出来表演。夔说：『唉！我敲着石磬，装扮百兽的舞队都跳起舞来，各位长官也合着乐曲一块跳起来吧！』舜帝故而作歌，说：『依照上帝的命令行事，时时事事都要小心恭慎。』又唱道：『大臣欢娱呀，君王奋发呀，百事发达呀！』皋陶叩头行礼，说：『要念念不忘啊！领导起兴办的事业，慎守法度，可要恭慎啊！不断地检查自己，事业便会获得成功，可要恭慎啊！』于是继续唱歌：『国王英明啊！大臣贤明啊！诸事安宁啊。』又作歌说：『国君琐屑啊！大臣怠惰啊！诸事荒废啊！』舜帝感谢说：『对啊！我们去认真恭慎地干吧！』

禹贡

禹别九州，随山浚川，任土[1]作贡。

禹敷土，随山刊木，奠高山大川。

冀州：既载壶口，治梁及岐。既修太原，至于岳阳；覃怀厎绩，至于衡漳。厥土惟白壤[2]，厥赋惟上上错，厥田惟中中。恒、卫既从，大陆既作。岛夷皮服，夹右碣石入于河。

济、河惟兖州。九河既道，雷夏既泽，澭、沮会同。桑土既蚕，是降丘宅土。厥土黑坟[3]，厥草惟繇，厥木惟条。厥田惟中下，厥赋贞。作十有三载，乃同。厥贡漆、丝，厥篚织文。浮于济、漯，达于河[4]。

海岱惟青州。嵎夷既略，潍、淄既道。厥土白坟，海滨广斥[5]。厥田惟上下，厥赋中上。厥贡盐、絺，海物惟错。岱畎丝、枲、铅、松、怪石。莱夷作牧。厥篚、檿丝。浮于汶，达于济。

海岱及淮惟徐州。淮、沂其乂，蒙、羽其艺，大野既猪，东原厎平。厥土赤植坟，草木渐包。厥田惟上中，厥赋中中。厥贡惟土五色，羽畎夏翟[6]，峄阳孤桐，泗滨浮磬，淮夷蠙珠暨鱼，厥篚玄纤缟。浮于淮、泗，达于河。

淮海惟扬州。彭蠡既猪，阳鸟攸居。三江既入，震泽厎定。筱簜既敷，厥草惟夭[7]，厥木惟乔。厥土惟涂泥，厥田惟下下，厥赋下上上错。厥贡惟金三品，瑶琨筱簜，齿革羽毛惟木，岛夷卉服。厥篚织贝，厥包橘柚锡贡。沿于江海，达于淮、泗。

荆及衡阳惟荆州。江、汉朝宗于海，九江孔殷，沱、潜既道，云土梦作乂。厥土惟涂泥，厥田惟下中，厥赋上下。厥贡羽毛齿革惟金三品⑧，杶干栝柏，砺砥砮丹，惟箘簵楛。三邦底贡厥名，包匦菁茅，厥篚玄纁玑组，九江纳锡大龟。浮于江、沱、潜、汉，逾于洛，至于南河。

荆河惟豫州。伊、洛、瀍、涧既入于河。荥波既猪。导菏泽，被孟猪。厥土惟壤，下土坟垆。厥田惟中上，厥赋错上中。厥贡漆、枲、絺、纻，厥篚纤纩，锡贡磬错⑨。浮于洛，达于河。

华阳黑水惟梁州。岷、嶓既艺，沱、潜既道。蔡、蒙旅平，和夷厎绩。厥土青黎，厥田惟下上，厥赋下中三错。厥贡璆铁银镂砮磬，熊罴狐狸织皮。西倾因桓是来，浮于潜，逾于沔，入于渭，乱于河。

黑水西河惟雍州。弱水既西，泾属渭汭，漆、沮既从，沣水攸同。荆、岐既旅，终南、惇物，至于鸟鼠。原隰底绩，至于野猪。三危既宅，三苗丕叙。厥土惟黄壤，厥田惟上上，厥赋中下。厥贡惟球琳琅玕。浮于积石，至于龙门西河，会于渭汭。织皮昆仑、析支、渠搜，西戎即叙。

导岍及岐，至于荆山，逾于河，壶口雷首至于太岳。底柱、析城。至于王屋，太行、恒山至于碣石，入于海。

西倾、朱圉、鸟鼠至于太华；熊耳、外方、桐柏至于陪尾。

导嶓冢，至于荆山，内方，至于大别。

岷山之阳，至于衡山，过九江，至于敷浅原。

导弱水，至于合黎，余波入于流沙。导黑水，至于三危，入于南海。导河积石，至于龙门；南至于华阴，东至于底柱；又东至于孟津，东过洛汭，至于大伾；北过降水，至于大陆；又北播为九河，同为逆河，入于海。嶓冢导漾，东流为汉，又东为沧浪之水，过三澨，至于大别；南入于江，东汇泽为彭蠡，东为北江，入于海。岷山导江，东别为沱，又东至于澧；过九江，至于东陵，东迤北会于汇；东为中江，入于海。导沇水，东流为济，入于河，溢为荥；东出于陶丘北，又东至于荷；又东北会于汶，又北东入于海。导淮自桐柏，东会于泗、沂，东入于海。导渭自鸟鼠同穴，东会于沣，又东会于泾；又东过漆、沮，入于河。导洛自熊耳，东北会于涧、瀍；又东会于伊，又东北入于河。

九州攸同，四隩既宅。九山刊旅，九川涤源，九泽既陂。四海会同，六府孔修。庶土交正，底慎财赋，咸则三壤成赋。中邦锡土姓。祗台德先，不距朕行。

五百里甸服。百里赋纳总，二百里纳铚，三百里纳秸服，四百里粟，五百里米。

五百里侯服。百里采，二百里男邦，三百里诸侯。

五百里绥服。三百里揆文教，二百里奋武卫。

五百里要服。三百里夷，二百里蔡。

五百里荒服。三百里蛮，二百里流。

东渐于海，西被于流沙，朔南暨声教，讫于四海。禹锡玄圭，告厥成功。

【注释】

①任土：根据土地的肥瘠。

②白壤：盐渍土。

③坟：土地肥沃。黑坟：指地高、色黑、肥沃的土壤。

④浮：顺流。

⑤斥：盐卤地。

⑥羽：羽山。畎：山谷。夏：有五种颜色的羽毛，五色曰夏。翟：雉。雄雉有五色尾心，可用作旗上饰物和舞蹈者所持。

⑦夭：茂盛。

⑧毛：通『旄』，旄牛尾。惟：与，及。

⑨磬错：磨磬的石头。

【译文】

禹划分九州的疆界，沿着山岭的走向疏通河道，按照土地的肥瘠状况定出贡赋差别，建立了一套贡赋制度。

禹为了分划土地的疆界，在经过的山上削木为桩竖上标记，并负责为高山大河命名。

冀州：壶口治理工程已经结束，又开始治理梁山和岐山。太原附近河道治理结束，工程便扩展到太岳山的南面。覃怀一带的治理也获得成效，又转而向北整治横流入河的漳水，一些河道也都得到治理。此处的土壤白细柔软，贡赋定为第一等，其中也掺杂着第二等，这里的土地属于第五等。恒水和卫水贯通之后，河水流入大海，治理大陆泽的工程也开始了。沿海一带诸侯以皮服为贡品，进贡的路径是经由碣石转向黄河。

济水与黄河之间一带是兖州，黄河下游许多河道已经疏导通畅，雷夏湖泽已经形成，濉水、沮水在此处会合流入雷夏泽。土地已可以种植桑树，饲养家蚕，人们从小土山上搬到平地上居住。这里的土质是肥沃的黑土，此处青草茂盛，树木已经长出小小的枝条。此处的耕地应当是第六等，赋税是第九等。待耕作了十三年后才可以和其他州的赋税一样。此处的贡物是漆和丝，将丝织品染成各种花纹，装在圆竹筐里上贡。进贡物品的贡船从济水和漯水抵达黄河。

渤海泰山之间一带为青州。隅夷治理后，潍水、淄水也贯通了。此处土地为灰白色土壤白而肥沃，海边为广阔的盐卤地。此处的土地是第三等，赋税是第四等。这里的贡品为盐、细葛布，加上多种海产品。泰山谷地一带的贡物是丝、大麻、锡、松木以及奇特珍贵的石头。莱夷一带居民放牧牲畜，此处的贡品是用筐盛装的山桑和丝。进贡的船由汶水到达济水。

黄海、泰山与淮河之间一带为徐州。淮河、沂水治理好后，蒙山、羽山一带便能够种植庄稼了，大野泽已聚成湖泊，东原一带的土地也可以耕种了。此处的土壤为红色黏性土地，草木也渐渐生长繁茂。此处的土地属第二等，赋税是第五等。此处上缴的贡物为五色土，羽山山谷中要进贡夏翟的羽毛，峄山南坡特产的桐木，泗水河畔要进贡能作石磬的石料。淮夷要进贡蠙珠以及鱼类，还有用筐子盛装的黑色细绸与白绢。运送贡品的船只沿淮河入泗水而后入菏泽，由济水入黄河。

淮河与黄海之间为扬州。彭蠡泽已经聚集了深水，南方各岛能够安居。浩浩长江水已经流进大海，震泽也得到了安定。小竹与大竹已经遍布各地生长起来，此处草很繁茂，树木很高大。这里是一片低洼潮湿的土地。土地的质量在九州中属九等，赋税是第七等，也可以间杂缴纳第六等赋税。此处的贡品为金、银、铜、美玉、美石、小竹、大竹、象牙、犀牛皮、鸟羽毛、旄牛尾，东南沿海各岛进贡草编的衣服，这一带把筐装的贝锦，包裹的橘柚作为贡品。进贡的船只从长江、黄海抵达淮河、泗水。

从荆山到衡山的南面为荆州。长江、汉水如诸侯朝见天子一般奔向海洋，洞庭湖一带的水势大极了！沱水、潜水疏通之后，云梦泽一带也能够耕种了。这一带的土是潮湿的泥，此处的田是第八等，赋为第三等。此处的贡物为鸟羽毛、牛尾、象牙、犀牛皮和金、银、铜，以及杶、榦、栝、柏四种木材，粗磨石、细磨石、造箭头的石头、丹砂与细长的竹子、楛树等。湖泽附近的三个诸侯国进贡他们的特产，把黑色的、浅红色的丝织品和珍珠，丝带子一类的东西放在竹筐内，一并贡来。沿江一带上贡的是大龟。这些贡品先从长江、沱水、潜水、汉水走水路，此后上岸走陆路到洛水，再转黄河。

荆山和黄河之间为豫州。伊水、洛水、瀍水、涧水都已贯通汇入黄河，荥波泽已汇成了湖泊。菏泽已被贯通，与孟猪泽连通了。只有水势极大的时候才可以覆被孟猪泽。此处的土地为石灰性冲积土，土的底层是砂姜。此处的土地属第四等，赋税为第二等，间或缴纳第一等赋税。此处的贡物是漆、麻、细葛布、纻麻，还有用竹筐装着的细丝绵，又上贡治琢好的磬。进贡的物品从洛水乘船，抵达黄河。

从华山南部西至黑水之间为梁州。岷山、嶓冢山治理之后，沱水、潜水已经贯通了。峨眉山、蒙山治理之后，和水一带的民众也前来报告治理的成绩。大渡河、夷水一带也获得功效。此处的土质为疏松的黑土，土地质量为第七等，田赋杂有第七、八、九三等。贡品为美玉、铁、银、钢铁、硬石和磬，以及熊、罴、狐、狸四种兽皮。西倾山的贡物沿着桓水而来，船只行于潜水，上岸陆行，再进入沔水，然后舍舟登陆，陆行至渭水，最后横渡渭水到达黄河。

黑水到西河一带为雍州。弱水贯通向西流，泾河汇入渭水，漆水、沮水汇合流入渭水，沣水也从南面流进渭水。荆山、岐山治理之后，终南山、惇物山一直到鸟鼠山都获得了治理。平原的治理获得了功绩，平原的猪野也获得了治理。三危山已经能够居住，三苗也便安定了。此处的土为黄色的疏松土壤，田为第一等，田赋为第六等。贡物为美玉、美石、珠宝石。进贡的船只从积石山附近进入黄河，行到龙门、西河，会集在渭水的弯曲处。昆仑、析支、渠搜等西戎国家都要按照规定皮制衣料。

治理疏通了岍山和岐山，一直疏凿到荆山，穿过黄河。又凿通了壶口山至雷首山，到达太岳山。从底柱山、析城山一直抵达王屋山，自太行山、恒山一直抵达碣石山的道路都凿通了，从此处能够进入渤海。由西倾山、朱圉山、鸟鼠山到太华山；再从熊耳山、外方山、桐柏山一直到陪尾山的水利工程都得到了治理。

从嶓冢山到荆山，从内方山到大别山也都得到了疏通和开凿。

从岷山的南面，抵达长江北岸的衡山，越过九江，一直到鄱阳湖一带的水利也得到了治理。

贯通弱水至合黎山，其下游流进沙漠中。贯通黑水至三危山，注入南海。疏导黄河，从积石山施工，一直疏凿到龙门山；向南抵达华山北侧，再向东抵达底柱山；又向东抵达孟津，洛水流进黄河处，抵达大伾山，再向北途径降水，抵达大陆泽；又向北分散为九条支流，这九条河流共同承受着黄河的大水，使其顺利导入海中。

凿通嶓冢山以疏导漾水，东流而为汉水，又向东流，叫作沧浪水，途径三澨水，抵达大别山；向南流入长江。向东汇成大泽，叫作彭蠡泽，再向东为北江，汇入大海。凿通岷山而疏导长江，向东流分出一支流为沱江，又向东抵达澧水；途径洞庭湖，抵达东陵，然后蜿蜒斜行东与淮水会合；东流为长江，然后汇入大海。

疏导沇水，向东流为济水，流入黄河，河水流溢成为荥泽；又从陶丘北面向东流，一直流入菏泽，又向东北，与汶水会合，又向北流之后向东流进大海。

疏导淮河，从桐柏山开始，向东流与泗水、沂水交汇，再向东流进大海。疏导渭水，从鸟鼠山开始向东与沣水交汇，又向东与泾水会合；又向东途径漆水、沮水，汇入黄河。疏导洛水，从熊耳山开始，向东北流与涧水、瀍水交汇，又向东流与伊水交汇，又向东北流入黄河。

九州的水利工程都已经完工，四方的土地都已经能够居住了。九州的山都已经开凿治理了，九州河流都疏浚并使之通达了，九州大泽都修建了堤防，不至于决溢。四海之内进贡的道路都畅通无碍。六府都治理得很好。各处的土地都要征收赋税，而且规定慎重征取赋税，要依据土地的上中下三等来确定它。九州之内奖赏土地和姓氏给诸侯，尊敬以德行为先，不准违背我所推行的德教。

王城以外五百里称为甸服。离国都最近的一百里的上交连秆禾，二百里的上交禾穗，三百里的将庄稼脱去芒尖的贡来，四百里的上交粟，五百里的上交米。

甸服以外五百里为侯服。离甸服最近的一百里的百姓为国王服各种劳役，二百里的百姓为国王服规定的劳役，三百里的负责戍守之责。

侯服以外五百里为绥服。三百里的要设立掌管文教的官员来推行文教，二百里的奋扬武威保卫国王。

绥服以外五百里为要服。三百里的要遵行与其他地方大体相同的政令，二百里的可以依次减轻其赋税。

要服以外五百里为荒服。三百里的各种要求可以从简，二百里的可以流动迁徙。东面到大海，西面到沙漠，从北方到南方四海之内都领受了国王的德教。于是禹被赐予元圭，用以表彰所完成的巨大功业。

甘誓

启与有扈战于甘之野，作《甘誓》。

大战于甘，乃召六卿。王曰：『嗟！六事之人①，予誓告汝：有扈氏威侮五行，怠弃三正②，天用剿绝其命。今予惟恭行天之罚。左不攻于左，汝不恭命；右不攻于右，汝不恭命；御非其马之正，汝不恭命。用命，赏于祖；弗用命，戮于社。予则孥戮汝。』

【注释】

①六事之人：六军全体将士。

②三正：郑玄及《孔传》认为『三正』指天、地、人之正道。

【译文】

启跟有扈氏在其都城郊野甘这个地方作战，史官记录下启的战前誓词，写作了《甘誓》。

启即将在甘这个地方打一场仗，就召集六军将领进行战前动员。君王讲：『啊！六军的全体将士们，我在此处训诫你们：有扈氏蔑视五行，违反自古沿袭下来的治国大法，废弃三大政事，上天因而要废弃他的大命，我如今要遵从上天对他们进行惩处。战车左侧的兵士要是不能用利箭射杀左翼的敌人，你们便是不遵从我的命令；战车右侧的兵士要是不能用长矛刺死右翼的敌人，你们也是不遵循我的命令；驾驭战车的兵士要是不精通驾驭战马的办法，你们也是不遵循我的命令。但凡遵循命令者，我就在先祖的灵位前予以奖励；但凡不遵循命令者，就在先祖的灵位前对你们加以惩处，我要把你们这些不努力完成命令的人降为奴隶，以表示惩罚！』

五子之歌

太康尸位，以逸豫灭厥德，黎民咸贰①。乃盘游无度，畋于有洛之表，十旬弗反。有穷后羿因民弗忍，距于河。厥弟五人御②其母以从，徯于洛之汭。五子咸怨，述大禹之戒以作歌。

其一曰：『皇祖有训：民可近，不可下。民惟邦本，本固邦宁。予视天下，愚夫愚妇一能胜予。一人三失，怨岂在明③？不见是图。予临兆民，懔乎若朽索之驭六马，为人上者，奈何不敬？』

其二曰：『训有之，内作色荒，外作禽荒④。甘酒嗜音，峻宇雕墙。有一于此，未或不亡。』

其三曰：『惟彼陶唐，有此冀方。今失厥道，乱其纪纲，乃底灭亡⑤。』

其四曰：『明明我祖，万邦之君。有典有则，贻厥子孙。关石和钧，王府则有。荒坠厥绪，覆宗绝祀！』

其五曰：『呜呼曷归？予怀之悲。万姓仇予，予将畴依？郁陶⑥乎予心，颜厚有忸怩。弗慎厥德，虽悔可追？』

【注释】

①豫：游乐。黎民：民众。咸，皆、都。贰：背叛。

②厥，其。御，侍奉。

③三失：三当为虚数，言多之意。明：彰显。怨岂在明：蔡沈说：『民心怨背，岂待其彰著而后知之？』意思是应当在未明时就谋虑到。

④禽荒：指沉湎于游猎。

⑤厎：招致。灭亡：杜预认为指夏桀时夏朝灭亡。

⑥郁陶：哀思、忧愁、悲伤之类的意思。

【译文】

夏王太康身居尊位而不理政事，由于放纵享乐而失去德行，百姓都怀有二心。太康寻欢作乐，没有节制，到洛水的南岸去狩猎，一连百天都不回来。有穷氏的国君王羿，趁夏朝百姓不堪忍受太康的所作所为，把守在黄河岸边阻挡太康回来。太康的五个兄弟侍奉他们的母亲，在洛河的转弯处等待太康。五个兄弟都埋怨太康，追述大禹的告诫而作诗歌。

第一首歌唱道：『伟大的祖先大禹有告诫：百姓只能够亲近，不能够疏远。百姓是国家的根本，根本坚固国家才安宁。我考察天下，愚夫愚妇都能够超过我。一个人有许多过错，百姓的怨恨难道非得到明显地表现出来才觉察到吗？应当在还没有显现时就进行补救。我们统治亿万百姓，就如同用腐烂的绳子驾驭着六匹马一般，要心怀畏惧；在百姓之上的君王，怎么能不谨慎呢？』

第二首歌唱道：『大禹的告诫有这样的话：在宫内为女色所迷惑，在外迷恋于游猎，沉湎于美酒、音乐，身居高大的殿宇、还要描绘宫墙。这几种情形要是染上一种，没有不亡国的。』

第三首歌唱道：『只有那唐尧，占有冀州而统有天下四方。如今太康失去了唐尧的治国之道，搅乱唐尧的法纪，才导致灭亡。』

第四首歌唱道：『我们万分英武的祖先大禹，是天下四方的共同君王。有章典、法度，留与他的子孙后代。关征赋税，计算平均；百姓感到平和，朝廷也很充实。现在太康荒废失去了祖先留下的事业，覆灭了宗庙，断绝了祭典。』

第五首歌唱道：『哎呀，归向何方？我们思念家乡，心感悲伤。天下四方的百姓都仇视我们，我们将依赖谁呢？我们的神情抑郁忧伤，羞愧于色，内疚于心。不谨慎遵从大禹的品德，虽然懊悔，难道还可以补救吗？』

胤征

羲和湎淫，废乱时日，胤往征之，作《胤征》。

惟仲康肇位四海，胤侯命掌六师。羲和废厥职，酒荒于厥邑。胤后承王命徂征。告于众曰：『嗟！予有众。圣有谟训，明征定保。先王克谨天戒，臣人克有常宪，百官修辅，厥后惟明明。每岁孟春，遒人[1]以木铎徇于路。官师相规，工执艺事以谏。其或不恭，邦有常刑。』

『惟时羲和颠覆厥德，沉乱于酒，畔官离次，俶扰天纪，遐弃厥司。乃季秋月朔，辰弗集于房。瞽奏鼓，啬夫驰[2]，庶人走。羲和尸厥官罔闻知，昏迷于天象，以干先王之诛。《政典》曰：「先时者杀无赦，不及时者杀无赦。」』

『今予以尔有众，奉将③天罚。尔众士同力王室，尚弼予钦承天子威命。』

『火炎昆冈，玉石俱焚。天吏逸德，烈于猛火。歼厥渠魁，胁从罔治。旧染污俗，咸与惟新。』

『呜呼！威克厥爱，允济；爱克厥威，允罔功。其尔众士懋戒④哉！』

【注释】

①遒人：使臣负责了解民情。

②啬夫：小臣。驰：奔走。

③奉将：奉行。

④懋戒：谓努力、戒惧。

【译文】

羲氏与和氏无节制地饮酒作乐，荒废了天时和节令，胤侯奉命讨伐他们。史官据此事写作了这篇《胤征》。

夏帝仲康开始治理四海，胤侯受命管制夏王的六师。羲与和放弃他们的职责，在他们的封邑沉湎于饮酒。

胤侯承受王命，去征讨羲与和。

胤侯训诫军众说：『啊！我的将士们。圣人的计谋训诫，明白有验，能够定国安邦。先王能恭慎对待上天的警告，大臣们也能遵循常法，百官修治职事辅助君主，君主和大臣都很贤明。每年孟春之月，宣令官员用木铎在路上宣示教令。官吏相互规劝并向国王提出谏正，百工按照他们从事的技艺进行谏说。他们有不遵循的，按国家的常刑给予惩罚。』

『这羲与和颠倒他们的作为，沉醉在酒中，违背职责，开始搅乱日月星辰的运行历程，远远抛弃他们所负责的事务。于是九月初一，日月运行失常显现出日食。乐官敲着鼓，上奏于天子，小臣、吏役则奔走相告以求救助太阳。羲与和主管其官却不晓得这件事，对天象昏迷无知，故而触犯了先王的惩罚。先王的《政典》说：「历法显现先于天时的事，要把制定者杀死；显现后于天时的事，要把制定者杀死。」

『如今我率领你们，遵循上天的惩罚。你等将士要和王室同心协力，帮助我认真履行天子的庄严命令。火烧昆山，玉和石一起被焚烧。天子的官吏要是有过错，害处将比猛火更甚。消除那个为恶的大首领，胁从的人不要惩罚。过去染有污秽习俗的人，都允许其改过。』

『啊！严明克服姑息，便真能成功；姑息胜过严明，事情便真会无功。你等将士要努力而戒惧吧！』

汤誓

伊尹相汤伐桀，升自陑，遂与桀战于鸣条之野，作《汤誓》。

王曰：『格尔众庶，悉听朕言。非台小子敢行称乱[1]，有夏多罪，天命殛之。今尔有众，汝曰：「我后不恤我众，舍我穑事而割正夏？」予惟闻汝众言，夏氏有罪。予畏上帝，不敢不正。今汝其曰：「夏罪其如台[2]？」夏王率遏众力，率割夏邑，有众率怠弗协，曰：「时日曷丧，予及汝皆亡！」夏德若兹，今朕必往。尔尚辅予一人，致天之罚，予其大赉汝。尔无不信，朕不食言。尔不从誓言，予则孥戮汝，罔有攸赦。』

【注释】

①台（yí）：我。小子：对自己的谦称。称乱：发难。称，举。

②如：如何。

【译文】

伊尹辅助商汤征讨夏桀，从这个地方北上，此后就在鸣条的郊外同桀交火开战。出征的时节，商汤领众誓师，告诫将士。史官记下这一件事，写出了《汤誓》。

王说：『来吧，各位将士，都来听听我的话。不是我胆敢发动战争，而是夏王犯下很多罪行，上天命令我去讨伐他。如今你们众人或许会质问我：「我们的君王根本就不关心体贴我们这些人，他把我们的耕种与收获庄稼的事抛在一边，而去征讨夏王，这到底是为什么呢？」虽然我晓得你们有这样的怨言，不过因为夏王有罪，我担心上天发怒，不敢不去征讨他。如今你们大概还会进一步质问我：「夏王有罪，真的这样，不过他的罪究到底有多大呀？」让我来告诉你们吧。夏王一贯把沉重的劳役加在百姓身上，把民力都消耗尽了，对百姓的剥削十分残酷。使得百姓懈怠涣散，与他关系很紧张，甚至诅咒他说：「你这个太阳什么时节才会陨落呀！我们愿意跟你同归于尽！」夏国的世道已经败坏到此种地步，如今我非去征讨它不可。对于你们，我的希望和要求是：都来辅佐我，施行上天对夏王的惩处。你们如此做了，我将重重地奖励你们！你们不要不相信我的话，我是绝对守信用的。要是你们不按誓言去做，我可要严惩你们，把你们降为奴隶，甚至杀死你们，对任何人也不会赦免！』

仲虺之诰

汤归自夏，至于大坰，仲虺作诰①。

成汤放桀于南巢，惟有惭德。曰：『予恐来世以台为口实。』

仲虺乃作诰，曰：『呜呼！惟天生民有欲，无主乃乱，惟天生聪明时乂。有夏昏德，民坠涂炭。天乃锡王勇智，表正万邦，缵禹旧服②。兹率厥典，奉若天命。

『夏王有罪，矫诬上天，以布命于下。帝用不臧，式商受命，用爽厥师。简贤附势，实繁有徒。肇③我邦于有夏，若苗之有莠，若粟之有秕。小大战战，罔不惧于非辜。矧予之德，言足听闻。惟王不迩声色，不殖货利。德懋懋官，功懋懋赏。用人惟己，改过不吝。克宽克仁，彰信兆民。乃葛伯仇饷，初征自葛，东征，西夷怨；南征，北狄怨，曰：「奚独后予？」攸徂之民，室家相庆，曰：「徯予后，后来其苏。」民之戴商，厥惟旧④哉！』

『佑贤辅德，显忠遂良⑤；兼弱攻昧，取乱侮亡。推亡固存，邦乃其昌。』

『德日新，万邦惟怀；志自满，九族乃离。王懋昭大德，建中于民，以义制事，以礼制心，垂裕后昆。予闻曰：「能自得师者王，谓人莫己若者亡。好问则裕，自用则小。」』

『呜呼！慎厥终，惟其始。殖有礼，覆昏暴。钦崇天道，永保天命。』

【注释】

①诰：即『告』。

②表正：表率。缵：继承。旧服：谓已往的传统。

③肇：始，当初。

④旧：久。言天下之民视商汤为君，拥戴企盼他由来已久。

⑤遂良：遂，如愿，称心如意。良，忠诚善良的人。

【译文】

汤征讨夏桀后，从夏回国，中途抵达大坰，仲虺作诰。

成汤灭夏，把夏桀流放到南巢，想想内心有些惭愧。说：『我担心后世把我的做法当作话柄。』仲虺于是作了诰词。

仲虺说：『啊！上帝生下百姓便有七情六欲。要是没有君王，社会便会混乱，故而上帝又生出聪明的人来治理百姓。夏王桀昏聩腐败，让百姓陷于污泥与火坑之中。上帝于是赐给大王您勇敢和智慧，让您成为天下四方的表率，承接大禹过去的事业。遵从大禹的法典常规，遵从上帝的命令。』

『夏桀有罪，假借上天的旨意，对下面发布命令。上天因他不善，便用商来承接天命，故而夏桀丧失了他的广大臣民。怠慢贤德，依附权势，这种人真是太多了。最初，我们邦国在夏王看来，便如同混在禾苗中的野草，混在谷物中的空壳。我们商国上上下下都战战兢兢，担心无罪而招祸。何况您的美德，只要说出来，便足以使人相信。大王您不恋慕歌舞和女色，不聚集金钱财物。对努力修德的人您便授予官职奖励他，对努力建功的人您就给予赏赐鼓励他。采用别人的意见如同自己的意见一般，改正过失毫不吝惜。能宽厚仁慈，向万民昭示自己的真诚。葛伯仇恨杀死您派去给他馈赠之人，大王您初次征讨便从葛伯开始。此后，您向东讨伐西方夷人，西方的人们便埋怨，向南征伐北方狄人，北方的人们便埋怨，他们说：「为何单单后讨伐我们这里呢？」您所到之地的百姓，家家户户互相庆贺，他们说：「等待我们的君王吧，君王来了我们便可兴盛了。」百姓拥戴商汤，或许由来已久了啊！』

『帮助贤德的诸侯，显扬忠良的诸侯；兼并懦弱的，征讨昏暗的，夺取荒乱的，轻视走向灭亡的。推而使之灭亡，应当存在的，助使其巩固，这样国家将会昌盛。』

『德行日新不懈，天下万国便会怀念；志气自满自大，亲近的九族也会散离。大王要努力显扬大德，对百姓建立中道，用义仲裁事务，用礼管制思想，把宽裕之道传给后人。我听说向别人求得的人便会为王，认为别人不及自己的人便会灭亡。爱好问，知识便充裕；自以为是的，便必然渺小。』

『啊！慎终要如同它的开始。扶植有礼之邦，消亡昏暴之国；尊敬上天这种规律，便能够长久保持上帝所赐予的。』

汤诰

汤既黜夏命，复归于亳，作《汤诰》。

王归自克夏，至于亳，诞告万方。王曰：『嗟！尔万方有众，明听予一人诰。惟皇上帝，降衷于下民，若有恒性，克绥厥猷惟后。夏王灭德作威，以敷虐于尔万方百姓。尔万方百姓，罹其凶害，弗忍荼毒，并告无辜于上下神祇。天道福善祸淫，降灾于夏，以彰厥罪。肆台小子，将天命明威，不敢赦，敢用玄牡，敢昭告于上天神后，请罪有夏。聿求元圣①，与之戮力，以与尔有众请命。上天孚佑下民，罪人黜伏，天命弗僭，贲若草木，兆民允殖。俾予一人辑宁尔邦家，兹朕未知获戾于上下，栗栗危惧，若将陨于深渊。凡我造邦，无从匪彝，无即慆淫，各守尔典，以承天休②。尔有善，朕弗敢蔽；罪当朕躬，弗敢自赦，惟简在上帝之心。其尔万方有罪，在予一人；予一人有罪，无以尔万方。呜呼！尚克时忱，乃亦有终。』

【注释】

①聿：于是。元圣：大圣贤，这里指伊尹。元，大。

②休：美，指神佑。

【译文】

汤推翻夏的统治以后，返回都城亳地，此时他发布了一篇诰词，即《汤诰》。

汤王击败夏桀之后，自夏返回商都亳地，发布一篇诰词，庄严通告各国诸侯。汤王说：『唉！你们各国将士和民众，都静听我的训诫。伟大的上帝，降福给百姓，并训诫我们，如果要使民众能够安然而长久地保持这种美德，国君要用为君之道教化天下人。夏王毁坏德政，滥施酷刑，对你们各国的民众实施暴政。你们深受夏王暴行的残害，因此忍无可忍，纷纷向天地神灵讲述自己遭受残害的惨状。上天对待百姓的准则是降福给良善的人，降祸给邪恶的人，故而，上天就给夏王降下灾祸，暴露他的罪恶。因为这个缘故，我才去奉行天命征讨夏王，来显扬上天的威严，而不敢赦免他的罪行。我冒昧地用黑色公牛作为供品进行祭典，把夏王的罪行清清楚楚地报告给天地神灵，请求神灵惩处夏王。如此，我才获得伟大的圣贤伊尹，与他同心协力，请求神灵护佑你们大众的性命。因为上天信任并保佑百姓，罪人夏桀最终被流放斥退失去天子之位，得到应有的惩罚，天命是不会有误的，惩处夏王之后，天下像繁茂的草木一般生机勃勃，亿万民众也因此而重获生机。上天让我使你们的国家和谐安宁，这次征讨夏王，我不晓得自己对天地神灵是否犯有过失，故而内心非常恐惧，有一种将要坠入深渊的感觉。但凡我所分封的诸侯，不得实施违背常规的法度，不得过度追求享乐，都要遵从你们的常法，等候承受上天恩赐的福泽。你们有善行，我不敢掩盖抹杀；

我本人有罪，我不敢自我赦免。故而这一切上天已经明察并牢记在心了。要是你们各国诸侯犯了罪，一切罪责都该由我一人担当；要是我本人有罪，则无须你们各国诸侯分担罪责。啊！希望我诚心诚意地做到这些，可以有一个美好的结果。』

伊训

成汤既没，太甲元年，伊尹作《伊训》《肆命》《徂后》。

惟元祀十有二月乙丑，伊尹祠于先王。奉嗣王祗见厥祖，侯甸群后咸在①，百官總己以听冢宰。伊尹乃明言烈祖之成德，以训于王。

曰：『呜呼！古有夏先后②，方懋厥德，罔有天灾。山川鬼神，亦莫不宁，暨鸟兽鱼鳖咸若。于其子孙弗率，皇天降灾，假手于我有命。造攻自鸣条，朕哉自亳。惟我商王，布昭圣武，代虐以宽，兆民允怀。今王嗣厥德，罔不在初。立爱惟亲，立敬惟长，始于家邦，终于四海。』

『呜呼！先王肇修人纪，从谏弗咈③，先民时若。居上克明，为下克忠，与人不求备，检身若不及，以至于有万邦。兹惟艰哉！』

『敷求哲人，俾辅于尔后嗣。制官刑，儆于有位。曰：「敢有恒舞于宫，酣歌于室，时谓巫风；敢有殉于货色，恒于游畋，时谓淫风；敢有侮圣言，逆忠直，远耆德④，比顽童，时谓乱风。惟兹三风十愆，卿士有一于身，家必丧；邦君有一于身，国必亡。臣下不匡，其刑墨，具训于蒙士。」』

『呜呼！嗣王祗厥身，念哉！圣谟洋洋，嘉言孔彰⑤。惟上帝不常，作善降之百祥，作不善降之百殃。

尔惟德罔小，万邦惟庆；尔惟不德罔大，坠厥宗。』

【注释】

①侯甸群后：泛指天下四方诸侯部落首领。咸，都、皆。在，即在自己的位置上。
②先后：贤君。
③咈（fú）：违背。
④耆（qí）德：德高望重的老人。
⑤孔彰：彰：清楚明白。孔：表明程度，犹言非常。

【译文】

商汤王死后，太甲元年，伊尹发布《伊训》《肆命》《徂后》。

商太甲元年十二月乙丑日，伊尹对先王进行祭奠。他服侍继位之君太甲去祖庙恭慎地拜见祖先灵位，各诸侯国君都一块参加，百官领着自己的部属听从百官之长伊尹的命令。伊尹便明确地讲述建立功业的祖先之盛德，以训诫太甲。

伊尹讲：『啊！先前夏的贤君大禹，当尽心推行德政时，没有天灾。山川之神与所有鬼神，也没有不安宁平静的，连同鸟兽鱼鳖也能自然生长。到他的后代子孙时，他们不遵从先祖训诫，上帝便给他们降下灾祸，借助我们享有天命的成汤。从鸣条开始征讨夏桀，从亳都开始实施德政。我们商王汤，显示出他的圣明和威武，用宽厚仁德替代暴虐凶残，亿万百姓都信赖他、依附他。如今君王您继承他的德政，没有哪一件不需要从开头便把它做好的。树立仁爱要从对待亲近的人做起，建立恭敬要从敬重年长的人开始，从家邦开始，广布到天下。』

『啊！先王成汤开始建立人伦纲纪，依从直言规劝不违反，并能顺从民众的心愿。居帝位能洞察下情，做臣民的都能够忠心耿耿，与人相交往不求全责备，检查管束自身害怕赶不上别人，因而才拥有天下诸国，这是何等困难啊！』

『汤还广泛寻找明达而有才智的人，让他们辅助你们这些后代君王，制定惩处百官的刑法，以警告那些有职位的大小官员。成汤讲：「敢于常常在宫室中举行舞蹈，沉湎歌乐，这就称为巫风；敢于贪求财货、女色，常常外出游猎，这便称为淫风；敢于侮慢圣贤之言，违反忠直之言，疏远年老德高的人，亲近愚顽幼稚的人，这便称为乱之风。上述三种风气，十种过错，卿士要是犯有其中之一，他的家庭就一定会败坏；诸侯要是犯有其中之一，他的国家便一定灭亡。臣下要是不能匡正国君的过错，便要受墨刑，知识浅陋的士人都要学习这些训条。』

『啊！继位的君王太甲，您要警醒自身！圣人的谋虑是广大完美，其美好的言论也很清楚。上天的态度不是常常不变的，对行善的便赐予各种吉祥，对作恶的便降下各种灾祸。你修德无论多么微小，天下各国都会感觉庆幸；你作恶就算不大，也会导致丧失国家。』

太甲（上）

太甲既立，不明，伊尹放诸桐。三年复归于亳，思庸①，伊尹作《太甲》三篇。

惟嗣王不惠于阿衡，伊尹作书曰：『先王顾諟天之明命，以承上下神祇，社稷宗庙，罔不祗肃。天监厥德，用集大命，抚绥万方。惟尹躬克左右厥辟，宅师，肆嗣王丕承基绪。惟尹躬先见于西邑夏，自[2]周有终，相亦惟终；其后嗣王罔克有终，相亦罔终。嗣王戒哉！祗尔厥辟[3]，辟不辟，忝厥祖。』

王惟庸罔念闻。伊尹乃言曰：『先王昧爽丕显，坐以待旦。旁求[4]俊彦，启迪后人。无越厥命以自覆。慎乃俭德，惟怀永图。若虞机张，往省括于度则释。钦厥止，率乃祖攸行。惟朕以怿，万世有辞。』

王未克变。伊尹曰：『兹乃不义，习与性成。予弗狎于弗顺，营于桐宫，密迩先王其训，无俾世迷。』

王徂桐宫居忧[5]，克终允德。

【注释】

①庸：常，常道。

②自：用。

③辟：君主，此指成汤。这里指实行做君主的法则。

④旁求：广泛地访求。

⑤居忧：替父母守丧。

【译文】

太甲继承帝位之后，昏庸无道，伊尹把他流放到桐宫。三年之后，太甲又回到亳，寻思通常的道理，伊尹创作《太甲》三篇。

继位的王太甲不听从伊尹，伊尹作书说：『先王成汤重视神圣的天命，敬奉天地的神灵，对于社稷宗庙总是恭敬严肃。上天看见汤的大德，就降给他重大的使命，要他安抚天下。我伊尹可以辅助君主使天下的百姓安居乐业，故而，后继的帝王才可以继承先祖的基业。我亲身看到夏的君主，自始至终讲究忠信，辅助他的人也有始有终；他的继王桀，不能自始至终实行忠信，辅助他的人也不能有始有终，后世的君主要以夏桀为戒啊！要恭敬地实施做君主的法则，做君主的不像君主，便会辱没自己的先祖。』

太甲依旧如故，对伊尹的话如同没有听见一般。伊尹便说：『先王在天未明的时候便想天明，以致坐等天亮。他不但自己为国事操劳，还广泛寻求才智出众的人，去开导后人，不要失去先祖留下来的权力和使命而自取灭亡。要保持你的节俭的美德，要思考长久之计。便如同虞人射箭，把弓拉开了，还要看准箭尾放在弓弦适当的位置，之后再放，如此才可以射中目标。做君王的要严肃你的态度，依照祖先的做法行事，要是这样做，我将感到欣慰，你的声誉也会流传万世。』

太甲不能更改旧习。伊尹说：『这些事是不义的，习惯了便会成性。我不能亲近你这不遵循义理的人，在汤的墓地营建行宫，使你在那里领受先王的训诫，不使你一生误入迷途。』太甲到桐宫，穿着治丧的礼服，终于能够听信德教。

太甲（中）

惟三祀①十有二月朔，伊尹以冕服奉嗣王归于亳。

作书曰：『民非后，罔克胥匡以生；后非民，罔以辟四方。皇天眷佑有商，俾嗣王克终厥德，实万世无疆之休！』

王拜手稽首曰：『予小子不明于德，自底不类。欲败度，纵败礼，以速戾于厥躬。天作孽，犹可违；

自作孽，不可逭②。既往背师保之训，弗克于厥初，尚赖匡救之德，图惟厥终。』

伊尹拜手稽首曰：『修厥身，允德协于下，惟明后③。先王子惠困穷，民服厥命，罔有不悦。并其有邦厥邻，乃曰：「徯我后，后来无罚。」王懋乃德，视乃厥祖，无时豫怠。奉先思孝，接下思恭。视远惟明，听德惟聪。朕承王之休无斁④。』

【注释】

①三祀：三年。指太甲继位的第三年。

②逭：逃避。

③明后：明君。

④斁：厌弃。

【译文】

太甲被流放桐宫使的第三年十二月初一，伊尹携带着君王的礼帽、礼服，迎请在位的太甲返回亳都。作书说：『百姓没有君王，便不能互相救助而生存下去；君王没有百姓，便不能统治天下。伟大的上帝顾念保佑商朝，使王您能成就美德，这真的是千秋万代的好事啊！』

商王太甲行跪拜叩头之礼，说：『我小子不懂君道，自己导致不善。贪欲败坏法度，放纵败坏礼仪，故而很快给自身招致罪过。上帝降下的灾祸，还能够避开；自己造成的灾祸，不可逃脱。过去违背老师的训诫，未能在即位时开个好头，依赖老师匡正补救的恩德，才谋求有这好的结果。』

伊尹行跪拜叩头大礼，说：『修养自己，用诚信的美德协调臣下，这才是明智的君王。先王成汤爱护困苦贫穷的百姓，百姓都服从他的命令，没有不快乐的。甚至那邻国百姓也拥戴他，便说：『等待我的君王成汤吧，君王来了我们便不会遭罪了。』王要勤勉自己的德行，看看那些有成就的祖先们，不要有顷刻的安逸和懈怠。尊崇先祖先王，就是孝顺，亲近臣下就是恭谦。能看远方，才是明智，能听从德言，才是聪敏。您要是做到了这些，我将接受王的好处而不会被厌弃了。』

太甲（下）

伊尹申诰于王曰①：『呜呼！惟天无亲。克敬惟亲；民罔常怀，怀于有仁。鬼神无常享，享于克诚。天位艰哉！』

『德惟治，否德乱。与治同道，罔不兴；与乱同事，罔不亡。终始慎厥与，惟明明后。』

『先王惟时懋敬厥德，克配上帝。今王嗣有令绪，尚监兹哉②。』

『若升高，必自下，若陟遐，必自迩③。无轻民事，惟难；无安厥位，惟危。慎终于始！』

『有言逆于汝心，必求诸道；有言逊于汝志，必求诸非道。』

『呜呼！弗虑胡获？弗为胡成？一人元良，万邦以贞。君罔以辩言乱旧政，臣罔以宠利居成功。邦其永孚于休④。』

【注释】

①申：重复。王：指太甲。

②尚：庶几，犹今语差不多，表示祈求，希望。监：通『鉴』，借鉴。兹：此，指先王懋敬厥德之事。

③陟：远行，长途跋涉。遐：远。迩：近。

④孚：信。休：美好。

【译文】

伊尹再三训诫商王太甲说：『啊！上帝不会固定不变地亲近某个人，只亲近恭敬他的人。百姓不会永远顺从某君王，只顺从有仁德的君王。鬼神也不会一直佑助某一个人，只是佑助能诚心的人。上帝赐予的君位难坐啊！』

『实施德政，天下便获得治理，否则，天下便大乱。与治世之君走相同的道路，没有不兴盛的；与乱世之君行事相同，没有不消亡的。自始至终恭谨地处理这些问题，便是十分英明的君王。』

『先王成汤是那样努力而恭敬地培养他的品德，故而可以符合上帝的旨意。王如今继续享有这美好的大业，希望能注意这一点啊！』

『譬如登高，一定从下面开始；譬如行远，一定从近处开始。不要轻视百姓的利益，要思考治理百姓的艰难；不要安享自己的君位，要思考你的权位是不稳的。自始至终恭慎小心！』

『要是有些话违背你的心愿，必须要从符合道义上来研求；要是有些话迎合你的心愿，必须要研求他的话是否合乎正道。』

『啊！不思虑能有什么收获。不干事能有什么成就？君王一人十分贤良，天下四方便纯正无邪。君王不要用巧言诡辩来搅乱先王的理正之法，臣下不要靠恩宠利禄成就功名，如此，国家将永远保有美好的局面。』

咸有一德

伊尹作《咸有一德》。

伊尹既复政厥辟，将告归，乃陈戒于德。

曰：『呜呼！天难谌[①]，命靡常。常厥德，保厥位；厥德匪常，九有[②]以亡。夏王弗克庸德，慢神虐民。皇天弗保。监于万方，启迪有命，眷求一德，俾作神主。惟尹躬暨汤，咸有一德，克享天心，受天明命，以有九有之师，爰革夏正。非天私我有商，惟天佑于一德；非商求于下民，惟民归于一德。德惟一，动罔不吉；德二三，动罔不凶。惟吉凶不僭在人，惟天降灾祥在德。』

『今嗣王新服[③]厥命，惟新厥德。终始惟一，时乃日新。任官惟贤才，左右惟其人。臣为上为德，为下为民。其难其慎，惟和惟一。德无常师，主善为师。善无常主，协于克一。俾万姓咸曰：「大哉王言。」又曰：「一哉王心。」克绥先王之禄[④]，永厎烝民之生。』

『呜呼！七世之庙，可以观德。万夫之长，可以观政。后非民罔使，民非后罔事[⑤]？无自广以狭人。匹夫匹妇，不获自尽，民主罔与成厥功？』

【注释】

①谌：相信。

②九有：九州。

③服：受，接受。

④绥：安。禄：福禄。

⑤罔事：无处尽力。

【译文】

伊尹还政给太甲以后，写了一篇训词《咸有一德》用来告诫太甲。

伊尹已经把政权归还给太甲，即将告老回到他的私邑，于是讲述修德的事，告诫太甲。

伊尹说：『唉！上天难信，天命无常。常常修德，能够保有君位；不能经常保持你的品德，九州故而便会丧失。夏桀不能施行德政，怠慢神明，虐待百姓，上帝便不能再保护他。观察普天之下，开导辅佐天命的人，眷念寻求纯正之德的人，让他成为百神之主。只有我伊尹自己与成汤有纯正之德，能合天心，接受上天圣明的命令，故而拥有九州的百姓，于是革除了夏王的虐政。这不是上天偏爱我们商家，而是上天保佑纯德的人；不是商家求请于民，而是百姓归向纯德的人。只要品德正，行动起来没有不吉的；品德混杂不纯，行动起来没有不凶险的。吉和凶不出差错，一切在人，上天降灾降福，只在于德啊。』

『如今王新受天命，要更新自己的德行。始终如一而不间断，如此便会日新。任用官吏当用贤才，任命左右大臣当用忠良。大臣辅助君上施行德政，配合下属治理人民；对他们要看重，要慎重，要和衷共济，始终如一。培养品德没有固定的老师，只要注重善行的，便可以作为老师。善行不固定于某一个人身上，能够始终如一，合乎纯正之德的才能保住善行。要使百姓都说：「重要呀！君王的言论。」又说：「纯正呀！君王的思想。」如此，便可安享先王的福禄，长久安定百姓的生活。』

『唉！天子的宗庙，七代不毁，便可以看出天子德泽深厚。从君主的作为上，可以看到政治的得失。君主如果不依靠百姓，他还能使用谁呢？百姓如果不依靠君主，他们还尊奉谁呢？不要自高自大而轻视别人。

平民百姓不能尽力，那么，君主和谁一起去成就他的功业？』

盘庚（上）

盘庚迁于殷，民不适有居，率吁众戚[1]出矢言。曰：『我王来，既爰宅于兹，重我民，无尽刘[2]。不能胥匡以生，卜稽曰，其如台？先王有服，恪谨天命，兹犹不常宁。不常厥邑，于今五邦。今不承于古，罔知天之断命，矧曰其克从先王之烈。若颠木之有由蘖，天其永我命于兹新邑，绍复先王之大业，底绥四方。』

盘庚敩[3]于民，由乃在位，以常旧服，正法度，曰：『无或敢伏小人之攸箴。』王命众，悉至于廷。

王若曰：『格汝众，予告汝训汝，猷黜乃心，无傲从康。古我先王，亦惟图任旧人共政。王播告之修，不匿厥指。王用丕钦[4]。罔有逸言，民用丕变。今汝聒聒，起信险肤，予弗知乃所讼！

『非予自荒兹德，惟汝含德，不惕予一人。予若观火，予亦拙谋，作乃逸。若网在纲，有条而不紊。若农服田力穑，乃亦有秋。汝克黜乃心，施实德于民，至于婚友，丕乃敢大言，汝有积德！乃不畏戎毒于远迩，惰农自安，不昏作劳，不服田亩，越其罔有黍稷。

『汝不和吉言于百姓，惟汝自生毒。乃败祸奸宄[5]，以自灾于厥身。乃既先恶于民，乃奉其恫，汝悔身何及！相时憸民，犹胥顾于箴言，其发有逸口，矧予制乃短长之命！汝曷弗告朕而胥动以浮言？恐沈于众，若火之燎于原，不可向迩，其犹可扑灭？则惟汝众自作弗靖，非予有咎！』

『迟任有言曰：「人惟求旧，器非求旧，惟新。」古我先王，暨乃祖乃父，胥及逸勤，予敢动用非罚？世选尔劳，予不掩尔善。兹予大享于先王，尔祖其从与享之。作福作灾，予亦不敢动用非德。』

『予告汝于难，若射之有志。汝无侮老成人，无弱孤有幼，各长于厥居，勉出乃力，听予一人之作猷。无有远迩，用罪伐厥死，用德彰厥善。邦之臧⑥，惟汝众；邦之不臧，惟予一人有佚罚。』『凡尔众，其惟致告：自今至于后日，各恭尔事，齐乃位，度⑦乃口。罚及尔身，弗可悔！』

【注释】

①吁：呼叫。慼：同『戚』，指贵戚。

②刘：杀害。

③敩（xiào）：觉悟。

④丕：大。钦：敬重。

⑤宄（guǐ）：在内作恶。

⑥臧：善。

⑦度：通『杜』。

【译文】

盘庚将把都城迁往殷。臣民不愿去殷地，盘庚故而呼唤贵戚大臣一起出去向臣民，讲述自己的意见。他说：『我把你们带到这里来，变更了居住的地方而住在这里。这是重视我们的百姓的生命，不让百姓遭受伤害。假如大家不能互相救助而求得生存，占卜探察吉凶，又将如何呢？先王有制度，一切必须恭敬地顺从天命，因此他们不敢永久居住在一个地方。由于不固定他们的都城，因此至今已有五个国都了！如今不继承先王的遗志，不明白上天的决断，又从何处说起可以继承先王的事业。就如同倒下的树木又抽出了新枝，被砍伐的树木又发出了新芽，这是上天将在这个新的国都让我们的国运延续下去呀，继续复兴先王的大业，以至安定天下。』

盘庚开导百姓，又教导他的大臣，遵从旧制，端正法度。他说：『我所规诫小民的语言，无论是谁都不准隐瞒起来！』盘庚命令臣下，都来到王庭。

王这样说：『来吧，你们各位，我要告诉你们，训诫你们，并希望去掉你们的私心，不要傲慢、纵容和追求安逸。先前我们的先王，也只是希望任命长期在位的旧人一起管理政事。先王发布政令，在位的旧人都不隐瞒先王的旨意，故而，先王很尊敬他们。大臣们没有越轨的话，因而民众们行动都起了很大的变化。如今你们拒绝别人的好意而自以为是，又说邪恶肤浅的话语蛊惑人心，我不晓得你们在争辩些什么。』

『并不是我自己废弃了任命旧人的美德，是你们隐瞒我的政令，不把我的政令告诉每一个人。我的威严好像热火一样旺盛，只是没对你们发出这种威严，便使得你们大为放肆起来。譬如只有网结在纲上，才能有条理而不紊乱；便如同农民从事田间劳动，只有努力耕种，才可望有好收成。你们要能去掉私心，把真真切切的好处给予民众，以至于亲戚朋友，于是才敢大言不惭地说你们有积德！你们不怕自己大言不惭的言论会大大地毒害远近的臣民，像懒惰的农民一般寻求安逸，不努力劳作，不从事田间劳动，于是便会没有黍稷收获。』

『你们不向民众宣布我的善言，是你们自己造成的祸害，你们所做的一些坏事已经败露，这样是自己害自己。你们诱导人们做坏事，痛苦也当然应该由你们来承担，你们自己后悔又怎么来得及！看看这些小人吧，他们尚且顾及我所劝谏的话，小心错误言论出自他们的口中，何况我握有你们的生杀之权！你们有话为何不先自己告诉我，却用些无稽之谈蛊惑百姓呢？人心是容易被蛊惑的，如同大火在原野上燃烧一般，连接近都无法接近，还可以扑灭吗？这都是你们群臣自己做得不好，不是我有过失。』

『迟任讲过：「用人要用长期在官位的旧人，用器物便不要寻求旧的，而是要新的。」先前我的先王同你们的祖辈一起劳动，共享安乐，我如何敢对你们实施不恰当的刑罚呢？如果你们能够把你们祖先世代的勤劳传统继承下来，我不会掩盖你们的美德。如今我要祭奠我们的先王，你们的祖先也将跟着受祭。你们作善受福，作恶受灾，都由先王和你们的先祖来处置，我也不敢动用不恰当的奖赏或惩处。』

『我把困难的事情告诉你们，便如同射箭必须中，不能偏离。你们不要轻慢成年人，也不要藐视年少的人。你们各自要长期住在这儿，努力付出你们的劳动，顺从我的谋划。无论亲疏，都一律对待，我要用刑罚惩治那些作恶的，用赏赐奖励那些行善的。国家治理得好，是你们大众的功劳；国家治理得不好，是我有过有罪。』

『你们大家要仔细思考我告诫你们的这番话：从今之后，各人恭慎地做好你们自己分内的事情，努力做好自己的工作，不要乱说。否则，惩处到你们身上，你们可不要后悔！』

盘庚（中）

盘庚作，惟涉河以民迁。乃话民之弗率，诞告用亶。其有众咸造，勿亵在王庭，盘庚乃登进厥民。

曰：『明听朕言，无荒失朕命。呜呼！古我先后，罔不惟民之承。保后胥戚，鲜以不浮于天时。』

『殷降大虐，先王不怀厥攸作，视民利用迁。汝曷弗念我古后之闻？承汝俾汝，惟喜康共，非汝有咎比于罚。予若吁怀兹新邑，亦惟汝故，以丕从厥志。今予将试以汝迁，安定厥邦。』

『汝不忧朕心之攸困，乃咸大不宣乃心，钦念以忱，动予一人。尔惟自鞠自苦，若乘舟，汝弗济，臭厥载。尔忱不属，惟胥以沈。不其或稽，自怒曷瘳？汝不谋长以思乃灾，汝诞劝忧。今其有今罔后，汝何生在上？』

『今予命汝一，无起秽以自臭，恐人倚乃身，迂乃心。予迓①续乃命于天，予岂汝威，用奉畜汝众。』

『予念我先神后之劳尔先，予丕克羞尔，用怀尔然。失于政，陈于兹，高后丕乃崇降罪疾，曰：「曷虐朕民！」汝万民乃不生生，暨予一人猷同心。先后丕降与汝罪疾，曰：「曷不暨朕幼孙有比！」故有爽德，自上其罚汝，汝罔能迪。』

『古我先后既劳乃祖乃父，汝共作我畜民。汝有戕则在乃心，我先后绥②乃祖乃父。乃祖乃父乃断弃汝，不救乃死。』

『兹予有乱政同位，具乃贝玉。乃祖乃父丕乃告我高后曰：「作丕刑于朕孙！」迪高后丕乃崇降弗祥。』

『呜呼！今予告汝不易，永敬大恤，无胥绝远。汝分猷念以相从，各设中于乃心。乃有不吉不迪，颠越不恭，暂遇奸宄③，我乃劓殄灭之，无遗育，无俾易种于兹新邑！』

『往哉，生生！今予将试以汝迁，永建乃家。』

【注释】

①迓（yà）：迎接。

②绥：告。

③奸宄（guǐ）：做坏事。在外曰奸，在内曰宄。

【译文】

盘庚制造了一些船，计划越过黄河领导臣民迁移。于是召集了那些不愿意迁徙的人，用至诚的话告诫他们。那些臣民都来了，恭敬地来到王庭，盘庚登上高处，招呼他们靠前一些。

盘庚说：『你们要听清楚我的话，不要轻忽我的命令。啊！先前我们先王，没有不顺承百姓的心理和意见去办事的，而百姓也都能体贴先王的用心，故而没有遭到上帝的惩处。先前上天降下大灾，先王不安于自己所在的都城，而依据臣民的利益去迁徙。你们为何不想一想我们先王的这些事情呢？我也应当像先王那样顺从你们，希望你们都能得到安乐的生活，不是因为你们有罪便这样惩罚你们。我如此呼吁你们安居到新邑，正是为了你们，大大地听从你们的心愿啊！如今我把你们迁徙过去，希望在那里好好地创建你们的国家。』

『你们不考虑我内心的困苦，你们的心居然很不和顺，用些不正确的话来动摇我。你们真是自寻烦恼，就像乘船，坐上船后却不愿渡过河去，坐待船的朽烂。你们不诚心合作，便只有一块沉下去。而你们不思考沉没的缘由，却自己埋怨，又有什么好处呢？你们不作长远打算，不想办法除去灾难，只劝我不必忧愁。如此下去，将会有今天而无明天，你们如何还能生活在这个地方呢？』

『如今我命令你们专一顺从我的意见，不要被浮言所欺骗，否则，恐怕有人就利用你们身上的毛病，让你们心里歪邪。我求上天延续你们的生命，我岂敢威胁你们啊，我是为了养育你们大众。』

『我想着我们神圣的先王一度烦劳过你们的祖先，我已作了很大的努力，以表示对你们祖先的思念。

既然在这里不能把我们的国家治理好，长久地居住在这儿，先王便会重重地降罪责，说：『为何虐待我的臣民！』你们万民不去谋生，不和我同心同德，先王也会对你们降下罪责，说：『为何不听从我的幼孙儿和好！』故而，有了过失，上天便会惩治你们，你们无法逃脱这些惩治的。』

『先前我的先王既然烦劳过你们的先祖先父，你们当然都是顺从我德教的臣民。要是你们心里藏着恶毒的想法，我的先王便会告诉你们的先祖先父，你们的先祖先父便会丢弃你们，不把你们从死罪中救出来。』

『如今那些乱政大臣，执掌权柄，只晓得聚敛财货，他们的先祖先父竭力要求我的先王说：「快快用严厉的刑罚给我的子孙吧！」从而引导先王，大大地把不祥降给他们。』

『啊！如今我告诉你们，迁移的决定是不会改变的，要永远警惕大的忧患，不要相互疏远。你们应该听从我，每个人的心都要和和善善。要是有人不善，不走正道，违法不恭，欺诈奸邪，胡作非为，我便要灭绝他们，不留后人，不让他们在这个新国都繁衍。』

『去吧！去谋生吧，我将领导你们迁移，在新邑重建你们的家园。』

盘庚（下）

盘庚既迁，奠[①]厥攸居，乃正厥位，绥爰有力众，曰：『无戏怠，懋建大命[②]。今予其敷心腹肾肠，历告尔百姓于朕志。罔罪尔众，尔无共怒，协比谗言予一人。』

『古我先王，将多于前功，适于山，用降我凶德嘉绩于朕邦。今我民用荡析离居，罔有定极。』

『尔谓朕曷震动万民以迁，肆[③]上帝将复我高祖之德，乱越我家。朕及笃敬，恭承民命，用永地于新邑。』

『肆予冲人，非废厥④谋，吊由灵各。非敢违卜，用宏兹贲。』

『呜呼！邦伯、师长、百执事之人，尚皆隐⑤哉。予其懋简相尔，念敬我众。』

『朕不肩好货，敢恭生生，鞠人谋人之保居，叙钦。今我既羞告尔于朕志若否，罔有弗钦。无总于货宝，生生自庸，式敷民德，永肩⑥一心。』

【注释】

①奠：安定。

②懋：勉力。大命：指重建家园。

③肆：令。

④厥：代词，指大家。

⑤隐：度，考虑。

⑥肩：克，能够。

【译文】

盘庚迁都之后，安定好他们居住地，才选定宗庙朝廷的位置，然后告诫大家，说：『不要游乐、懒惰，要努力地建设好家园。如今我诚心诚意地把我的意见全都告诉你们。我不会惩处你们，你们也不要一起心怀埋怨，一起联合起来，说我一个人的坏话。』

『先前我们的先王，希望光大前人的功业，把百姓迁往山地，故而上天减少了我们的灾难，让我们的国家繁荣昌盛。如今，我们的臣民因水灾而流离失所，没有固定居住的地方。』

『你们问我为何要惊扰万民而迁徙，这是由于如今上帝即将恢复我高祖的美德，把我们的国家治理好。我急迫、笃实、恭谨地依据上天的意志，拯救臣民，故而要永远居住在新邑。』

『如今我这个年轻人，并不是不顺从大家的意见，迁都之意实在是上帝通过深知天命的人传达下来的。迁都新邑不是违反占卜的预兆，正是大大彰露卜兆的灵异。』

『啊！各位诸侯、公卿大臣、文武百官，但愿你们都能思考自己的责任。我要视察你们的工作，看你们是否听从我的命令治理民事。』

『我不任命那些贪恋财货的人，而任命那些努力经营民生的人，对于那些能养育民众并能想办法让他们安居的人，我将依次敬重他们。如今，我已经把我心中的好恶告诉了你们，但愿你们不要不听从，不要聚敛财宝。要经营民生以建立功劳，把恩德施予百姓，永远同心同德建立新的家园。』

说命（上）

高宗梦得说，使百工营求诸野，得诸傅岩，作《说命》三篇。

王宅忧，亮阴三祀①。既免丧，其惟弗言，群臣咸谏于王曰：『呜呼！知之曰明哲，明哲实作则。天子惟君万邦，百官承式。王言惟作命，不言臣下罔攸禀令。』

王庸作书以诰曰：『以台正于四方，惟恐德弗类，兹故弗言。恭默思道，梦帝赉予良弼，其代予言。』

乃审厥象，俾以形旁求于天下。说筑傅岩之野，惟肖。爰立作相，王置诸其左右。

命之曰：『朝夕纳诲，以辅台德。若金，用汝作砺；若济巨川，用汝作舟楫；若岁大旱，用汝作霖雨。

启乃心，沃朕心。若药弗瞑眩，厥疾弗瘳；若跣弗视地，厥足用伤。惟暨乃僚，罔不同心，以匡乃辟，俾率先王，迪我高后，以康兆民。呜呼！钦予时命，其惟有终。』

说复于王曰：『惟木从绳则正，后从谏则圣。后克圣，臣不命其承②，畴敢不祗若王之休命③？』

【注释】

①亮阴：古时天子守孝之称。祀：年。

②不命：不必等待命令。承：承君命而进谏。

③畴：谁。祗：恭敬。

【译文】

殷高宗在睡梦中梦到一个叫说的人，便让百官描画出说的模样，然后到各地四处寻找，最后在傅这地方找到了他。史官根据这个写出《说命》三篇。

殷高宗为亡父守孝，为期三年，居丧期满之后，依然沉默寡言。于是群臣就向高宗进谏说：『哎呀！通晓国家政务便称为聪明睿智，聪明睿智的人才可以立法治国。天子主宰整个天下，百官都在等您发布诏令。而大王的话就是诏令，不说话，臣下就无法获得诏令。』

于是，王便写了一篇文告，告诫群臣说：『上天把我作为天下的范例，我担心自己德行尚未达到先王的高度，故而不敢轻易说话。我一直在恭敬地默默思虑治理天下的方法，睡梦中曾梦到上天赐给我一位贤良的助手，让他代替我发言。』于是王就仔细地回忆梦中人的样子，把他绘成图派人依照画像到各地找寻这个人。说在傅岩这个地方从事版筑工作，于是便把他请回朝廷，王任命他为相，把他安置在自己身旁。

君王对他说：『我从早到晚随时采纳善言，故而你要常常赐教，以便帮助我行善修德。你我之间的关系，打个比方说，就是：要是我是一把铁器，我便把你当作磨刀石；要是我要渡河，我便把你当作船和桨；要是天大旱，我便把你当作连绵不停的甘雨。请打开你的思想，培养我的智力。要是药不够分量，病便不会好；要是光着脚走路又不看地下，脚便有可能因此而受伤。故而但愿你和你的同僚，无不同心协力，纠正我的过错，让我可以沿着先王开辟的道路，踏着成汤的足迹前进，让天下亿万民众都安居乐业。哎呀！遵从我的这一意愿行事吧，并且但愿可以善始善终。』

傅说答复君王说：『木头用墨线取直，加工出来便会十分平正；君王善纳谏言，便会变得圣明。只要君王可以圣明，臣下自会不等君王下令便能主动进谏，这样一来，还会有谁敢不恭恭敬敬地遵循君王的英明教导呢？』

说命（中）

惟说命总百官，乃进于王曰：『呜呼！明王奉若天道，建邦设都，树后王君公。承以大夫师长，不惟逸豫，惟以乱民。惟天聪明，惟圣时宪，惟臣钦若，惟民从乂[①]。惟口起羞，惟甲胄起戎，惟衣裳在笥，惟干戈省厥躬。王惟戒兹，允兹克明，乃罔不休[②]。』

『惟治乱在庶官。官不及私昵[③]，惟其能；爵罔及恶德，惟其贤。虑善以动，动惟厥时。有其善，丧厥善；矜其能，丧厥功。惟事事，乃其有备，有备无患。无启宠纳侮，无耻过作非。惟厥攸居，政事惟醇。黩[④]于祭祀，时谓弗钦。礼烦则乱，事神则难。』

王曰：『旨哉！说，乃言惟服。乃不良于言，予罔闻于行。』

说拜稽首曰：『非知之艰，行之惟艰。王忱不艰，允协于先王成德，惟说不言有厥咎。』

【注释】

①乂：治理，安定。

②允：信。克：能。乃：则。休：美好。

③及：任命。昵：亲近。

④黩：轻慢不敬。

【译文】

傅说受命领导百官，于是向王进谏说：『啊！明智的君王继承天道，建立国家，建立都城，立天子封诸侯，又佐以大夫师长，不想安逸快乐，只想着治理百姓。只有上帝聪明，圣贤的君王以此效法，臣下敬顺，百姓才能服从统治。不可轻出号令，由于言语不慎会招致麻烦；不可轻易动武，否则会招来战乱；官服放在竹箱里，不可轻易授人，否则会有人不称职；干戈是征讨有罪的兵器，对于赏罚要察看清楚。君王要谨慎对待这些事情，如此，便能够达到圣明，也就无不美好了。』

『国家获得治理或造成混乱，在于百官。对于官吏不是任命那些和自己亲近的人，而是那些贤能之人；爵位不是赏赐给那些不良无德之人，而是那些有德有才之人。措施一定要考虑成熟才可以付诸行动，行动一定要合乎时宜。自己满足于已有的好品德，那你就会丧失这些品德；自己夸耀自己的能力，那你就会丧失功业成就。做每件事情，你都要事先有所准备，有了准备便不会产生祸患。不要宠信小人而招致轻侮，不要羞于认错而文过饰非，以致铸成大错。你要居于正道，政务才能纯正不杂。按照私欲举行祭祀，这就叫作不恭敬。祭祀礼仪过于烦琐，就会紊乱，这样去礼拜神灵，就难于达到目的了。』

王说：『讲得多好啊，傅说！你的话都很有用。你要是不善于进言，我便不能听见并付诸行动了。』

傅说行跪拜叩头之礼，说：『不是弄清这些道理困难，而是实行起来困难。王诚心则不困难，真的是符合先王的盛德。要是我傅说不进言，便有罪过了。』

说命（下）

王曰：『来！汝说。台小子旧学于甘盘①，既乃遁于荒野，入宅于河。自河徂亳，暨厥终罔显。尔惟训于朕志，若作酒醴，尔惟麹蘖；若作和羹，尔惟盐梅。尔交修予，罔予弃，予惟克迈乃训。』

说曰：『王，人求多闻，时惟建事，学于古训乃有获。事不师古，以克永世，匪说攸闻。惟学，逊志务时敏②，厥修乃来。允怀于兹，道积于厥躬。惟斅学半，念终始典于学，厥德修罔觉。监于先王成宪，其永无愆。惟说式克钦承，旁招俊乂，列于庶位。』

王曰：『呜呼！说，四海之内，咸仰朕德，时乃风③。股肱惟人，良臣惟圣。昔先正保衡作我先王，乃曰：「予弗克俾厥后惟尧舜，其心愧耻，若挞于市。」一夫不获，则曰：「时予之辜」。佑我烈祖，格于皇天。尔尚明保予，罔俾阿衡专美有商。惟后非贤不乂，惟贤非后不食。其尔克绍乃辟于先王，永绥民。』

说拜稽首，曰：『敢对扬天子之休命。』

【注释】

①台：我。甘盘：般之贤臣。

②时敏：时时努力。

③风：教化。

【译文】

王说：『来呀！傅说。我曾向甘盘学习过，不久便出巡到荒野，入居于河洲，又从河洲回到亳都，到后来学习没有显著进展。你当听从我想学的志愿，满足我的求知愿望，好比做甜酒，你就是那酒曲；又好比做羹汤，你就是那盐和梅。你要多方培养我，不要丢弃我，我一定能按你的教导去做。』

傅说讲：『王，人们要求增多知识，这是想建立一番事业。要效法古训，才会有所收获。建立事业不效法古训，而可以长治久安的，我傅说闻所未闻。学习要心志谦逊，一定要时刻努力，所学才能增长。相信和记住这些，治道在自己身上将积累增加。教人所获是学习所得的一半，始终专心于学习，品德的增长便会在不知不觉中臻于完美。借鉴先王的成法，将永远没有失误，我傅说故而可以敬承你的意旨，广求贤俊，把他们安置在各种职位上。』

王说：『啊！傅说，天下的人都敬仰我的德行，这都是你的教化所致。手足完备便是成人，良臣辅佐才能成为圣君。先前先贤伊尹让我的先王兴起，他曾这样说：「我不能让我的君王做尧舜那样的圣君，我心惭愧耻辱，如同在闹市受到鞭打一般。」只要一人不得其所，他便说：「这是我的罪过。」他辅佐我的烈祖成汤受到上天赞叹，他的功劳达到天一样伟大，无人可及。你要尽力扶持我，不要让伊尹在我商家独享这一美誉。君主得不到贤人辅助便治理不好天下，贤人得不到君主赏识便不会被重用。你要能让你的君主继承先王的传统，长久安定人民。』

傅说跪拜叩头，讲：『请让我回报宣扬天子的美好教导！』

高宗肜日

高宗祭成汤，有飞雉升鼎耳而雊，祖己训诸王，作《高宗肜日》《高宗之训》。

高宗肜日，越有雊雉。祖己曰：『惟先格王，正厥事。』乃训于王，曰：『惟天监下民，典厥义。降年有永有不永，非天夭民，民中绝命。民有不若德，不听罪①，天既孚命正厥德，乃曰其如台。呜呼！王司敬民，罔非天胤，典祀无丰于昵。』

【注释】

①听：服。

【译文】

高宗祭祀成汤那天，有只野鸡在鼎上鸣叫，祖己训诫祖庚，作《高宗肜日》《高宗之训》。

在祭祀高宗武丁的第二天，又举行祭祀，又一只野鸡飞到鼎耳上鸣叫。祖己说：『先端正王心，再端正祭事。』便对王告诫说：『上天注视着百姓，主要看他是否遵道行事。它赐给人的寿命有长有短，不是上天有意缩短人的生命，而是有人自己行为不合义理招致中途绝命。人有不善的德行，又不服其罪，上天已经发布命令纠正他们的品德，他们竟讲：「天能把我如何呢？」啊！君王你继承了王位要敬重百姓，因为他们无不是上天的后代，按正常祭礼在自己的父庙中祭品不要过度丰厚。』

西伯戡黎

殷始咎周，周人乘黎。祖伊恐，奔告于受，作《西伯戡黎》。

西伯既戡黎，祖伊恐，奔告于王。曰：『天子，天既讫我殷命。格人元龟①，罔敢知吉。非先王不相我后人，惟王淫戏用自绝。故天弃我，不有康食。不虞②天性，不迪率典③。今我民罔弗欲丧，曰：「天曷不降威？」大命不挚，今王其如台？』

王曰：『呜呼！我生不有命在天。』

祖伊反，曰：『呜呼！乃罪多参在上，乃能责命于天。殷之即丧，指乃功，不无戮于尔邦。』

【注释】

①格人：能知天地吉凶的人。元龟：大龟。

②虞：揣度。

③迪：由。率典：法度。

【译文】

在殷商开始怪罪周族时，周族击败了黎国。祖伊感到惊恐，跑去禀报君王纣。史官据此事写作了《西伯戡黎》。

西伯已经击败了黎国，祖伊惊恐，跑来告诉纣王。祖伊说：『天子，上天或许要终结我们殷商的国运了。

能知天地吉凶的圣人用大龟占卜，都不能看到吉兆。不是先王不佑助我们后人，只是大王淫荡嬉戏自绝于天。故而上天将抛弃我们，降下灾难使我们没有饭吃。大王不揣度天性，不遵从法度。现在民众没有谁不希望大王灭亡的，他们说：「上天为什么不降惩罚呢？」要知道天命是无常的，大王您要怎么办呢？』

纣王说：『哎呀！我是从天那里接受大命的，老百姓不能拿我怎么样。』

祖伊回来后，说道：『唉！他的罪行太多，已经排列在上天心中，而他却说他从上天那里接受大命。殷商即将消亡，这从大王的所作所为便能够看出来，他能不为周国所亡吗？』

微子

殷既错天命，微子作诰父师、少师。

微子若曰①：『父师、少师，殷其弗或乱正四方？我祖底遂陈于上。我用沈酗于酒，用乱败厥德于下。殷罔不小大，好草窃奸宄，卿士师师非度。凡有辜罪，乃罔恒获。小民方兴，相为敌仇。今殷其沦丧，若涉大水，其无津涯。殷遂丧，越至于今。』曰：『父师、少师，我其发出狂吾家，耄逊于荒。今尔无指告予，颠隮②，若之何其。』

父师若曰：『王子，天毒降灾荒殷邦，方兴沈酗于酒，乃罔畏畏，咈其耇长，旧有位人。今殷民乃攘窃神祇之牺牷牲，用以容，将食无灾。降监殷民，用乂仇敛，召敌仇不怠。罪合于一，多瘠罔诏。商今其有灾，我兴受其败。商其沦丧，我罔为臣仆。诏王子出迪，我旧云刻子，王子弗出，我乃颠隮。自靖③，人自献于先王，我不顾行遁。』

【注释】

①若：这样。

②颠：最高处。脐：坠落。

③靖：谋划。

【译文】

殷商即将灭亡之际，微子作了一篇诰词，将他的想法和打算告诉父师、少师。

微子如此讲：『父师、少师，我们殷商难道没有办法治理四方了吗？我们的先王成汤建立了伟大的功业，而我们的君王沉湎于酒色之中，毁坏先祖成汤的美德。我们殷商的大臣小民都抢掠偷窃，犯法作乱，各级官员都不遵从法度。一切犯罪的人，都受不到该有的惩处，这样，将来民众就会起来反抗，和我们结成仇敌。如今我们殷商大概即将灭亡了，形势就像要越过大河却找不到渡口和堤岸。我们殷商灭亡的日子，就在眼前了。』微子又讲：『父师、少师，我将要到我的封地了，我要装扮成糊涂的老人，或永久在荒野中隐匿起来呢？你们如今还不把你们的想法告诉我，到殷商灭亡时，我们怎么办呢？』

父师如此答复道：『王子啊！上天降下大灾大难，要惩治我们殷商，而君王还沉醉在美酒之中，对上天的威严一点也不害怕，对年长德高的大臣的谏言一句都听不进去。如今殷商的小民居然敢偷盗祭祀天地神灵用的贡物，有的带回去饲养，有的拿回去吃掉，如此严重的罪过却不受惩处。如今上天正在监视殷民，而君王用杀戮和重刑大肆搜刮民财，尽管已经弄得民怨沸腾，依然不肯放松对百姓的压迫。这全是君王一人的罪恶，广大受害百姓却有苦无处诉说。殷商如今就要大祸临头，我们都会遭到灾难；殷商要是灭亡了，我决不做周人的奴隶。我劝告王子出逃。我先前就说过，箕子应当出逃。如今，要是王子再不出逃，我们殷商就要彻底消亡。还是自己拿主意吧！每个人都能够按照自己的想法，献身于先王所开创的大业；至于我个人，则不会想到逃亡。』

泰誓（上）

惟十有一年，武王伐殷，一月戊午师渡孟津，作《泰誓》三篇。

惟十有三年春，大会于孟津。

王曰：『嗟！我友邦冢君[1]越我御事庶士，明听誓。惟天地万物父母，惟人万物之灵。亶聪明，作元后，元后作民父母。今商王受，弗敬上天，降灾下民。沉湎冒色，敢行暴虐，罪人以族，官人以世。惟宫室、台榭、陂池、侈服，以残害于尔万姓。焚炙忠良，刳剔孕妇。皇天震怒，命我文考，肃将天威，大勋未集。肆予小子发，以尔友邦冢君，观政于商。惟受罔有悛心，乃夷居，弗事上帝神祇，遗厥先宗庙弗祀。牺牲粢盛，既于凶盗。乃曰：「吾有民有命！」罔惩其侮[2]。』

『天佑下民，作之君，作之师，惟其克相上帝，宠绥四方。有罪无罪，予曷敢有越厥志？同力，度德；同德，度义。受有臣亿万，惟亿万心；予有臣三千，惟一心。商罪贯盈，天命诛之。予弗顺天，厥罪惟钧。』

『予小子夙夜祗惧[3]，受命文考，类[4]于上帝，宜于冢土，以尔有众，底天之罚。天矜于民，民之所欲，天必从之。尔尚弼予一人，永清四海。时哉弗可失！』

【注释】

①冢君：大君，指随从伐商的诸侯国君。

②惩：戒止。侮：犹侮慢，谓态度傲慢。

③夙：早。祗：敬。惧：畏惧。

④类：即祭天。

【译文】

周历十一年，周武王起兵伐商。十三年正月戊午日，大军从孟津越过黄河。史官记下此事，作《泰誓》三篇。

周武王十三年春天，诸侯大会师于孟津。

武王说：『啊！我的友邦大君和我的治事大臣、众士们，请明白地听着我的誓言。天地是万物的父母，人是万物中的灵长。真正聪明的人便作大君，大君要做百姓的父母。如今商纣王不敬重上天，降祸灾给百姓。他嗜酒贪色，胆敢施行暴虐，用灭族的严刑惩治人，用世袭的办法任命人。为建造宫室、台榭、陂池，制作奢侈的衣物，他残害你们万姓人民。他烧杀忠良，解剖孕妇。于是上天动了怒，命令我的父亲文王严厉执行上天的惩治之令，可惜大功没有完成。先前我小子姬发和你们友邦大君到商邦考察政情，商纣没有悔改的心，他居然傲慢不恭，不祭祀上帝神，丢弃他的祖先宗庙而不祭奠。牛羊和黍稷等祭物，也被凶恶的盗贼盗窃尽了。他却说：「我有下界百姓，有上天赐的大命！」仍不更改他傲慢的行为。』

『上帝保佑天下万民，为他们选定了君王，为他们选立了百官，就是因为他们可以辅助上帝，爱护和安定四方。有罪当讨，无罪当赦，我如何敢超越上帝的意志呢？战争双方力量相同，就以德相较量；德相同，就以义相较量。商纣王有臣下亿万，却有亿万条心；我只有臣下三千，却只有一条心。商纣王恶贯满盈，上帝命令诛灭他，我若不顺从天命，我的罪行便和商纣王一样。

『我早晚敬慎畏惧。承受先父文王的灭商大命，祭祀上帝，祭祀社稷，领着你们诸位施行上帝的意旨惩处商纣王。上帝怜悯百姓，百姓的愿望上帝必定会顺从。希望你们辅助我，永远使天下安宁。时机啊，千万不能错失！』

泰誓（中）

惟戊午，王次于河朔，群后以师毕会。王乃徇①师而誓曰：『呜呼！西土有众，咸听朕言。我闻吉人为善，惟日不足；凶人为不善，亦惟日不足。今商王受，力行无度，播弃犁老，昵比罪人。淫酗肆虐。臣下化之，朋家作仇，胁权相灭。无辜吁天，秽德彰闻。』

『惟天惠民，惟辟奉天。有夏桀弗克若天，流毒下国。天乃佑命成汤，降黜夏命。惟受罪浮于桀，剥丧元良，贼虐谏辅。谓己有天命，谓敬不足行，谓祭无益，谓暴无伤。厥鉴惟不远，在彼夏王。天其以予乂民，朕梦协朕卜，袭于休祥，戎商必克。受有亿兆夷人，离心离德；予有乱臣十人，同心同德。虽有周亲，不如仁人。』

『天视自我民视，天听自我民听。百姓有过，在予一人，今朕必往。我武惟扬，侵于之疆，取彼凶残。我伐用张，于汤有光。勖哉夫子②！罔或无畏，宁执非敌。百姓懔懔，若崩厥角。呜呼！乃一德一心，立定厥功，惟克永世。』

【注释】

①徇：巡视。

②夫子：指众将士。

【译文】

戊午日，武王大军驻扎在黄河北岸。诸侯率领军队都来集合，武王于是巡视各军并告诫众位将士：『啊！西方的各位将士，都听我讲话。我听说善良的人做好事，整日做还怕做不够；凶恶的人做坏事，也整天做还怕不够。如今商王纣，疯狂去做不合法度之事，丢弃德高望重的老臣，亲近罪恶的小人，过度酗酒、恣意暴虐。臣下也受其影响，各个结成朋党，互为仇敌，挟持权柄相互诛杀。无辜之人向上天呼冤诉苦，纣王秽恶的行为，昭彰天下。

『上天慈爱百姓，君王应当尊崇天意。夏桀不能听从天意，流毒于天下。上天便佑助并命令成汤，降下灭除夏朝的命令。商纣王之罪恶超过夏桀，他损伤驱逐善良的大臣，伤害直言的辅臣。觉得自己享有天命，说敬天不值得实施，说祭祀是无益的，残暴没有害处。他的鉴戒并不遥远，便在夏王桀身上。上天大概任用我去治理百姓，我的梦与我的占卜相合，前景是美好吉祥的，征伐殷商一定胜利。殷纣王有亿万平民，都离心离德；我有治世大臣十人，都同心同德。纣王即使有至亲的臣子，比不上我国家的仁贤之人。』

『上天所见来自我们百姓所见，上天所闻来自我们百姓所闻。民众责难抱怨我，如今我必定要前往讨伐商纣。我们的武力要施行，要攻进商的疆界，抓获那些凶恶的人。我们的征伐行动取得辉煌战果，这比成汤的事业还辉煌。努力吧！将士们。不要轻敌，希望你们保持战无敌手的勇气。民众恐惧不安，他们叩头像山崩一般响。啊！你们要同心同德地建立自己的功业，便能永垂后世。』

泰誓（下）

时厥明①，王乃大巡六师，明誓众士。

王曰：『呜呼！我西土君子。天有显道，厥类惟彰。今商王受，狎侮五常，荒怠弗敬。自绝于天，结怨于民。斫朝涉之胫，剖贤人之心，作威杀戮，毒痡四海。崇信奸回，放黜师保，屏弃典刑，囚奴正士。郊社不修，宗庙不享，作奇技淫巧以悦妇人。上帝弗顺，祝降时丧。尔其孜孜，奉②予一人，恭行天罚。古人有言曰：「抚我则后，虐我则仇。」独夫受洪惟作威，乃汝世仇。树德务滋，除恶务本，肆予小子诞以尔众士，殄歼乃仇。尔众士其尚迪果毅，以登乃辟③。功多有厚赏，不迪有显戮。』

『呜呼！惟我文考若日月之照临，光于四方，显于西土。惟我有周诞受多方。予克④受，非予武，惟朕文考无罪；受克予，非朕文考有罪，惟予小子无良。』

【注释】

①厥明：指已未日。
②奉：辅助。
③登：成就。辟：君。
④克：战胜。

【译文】

时间在己未日，周武王大规模地巡察六军，向众将士发布誓言。

王说：『啊！我西方的将士们，上天有清楚的常理，那些法则应该宣扬。现在商纣王轻侮五常，荒废懈怠，无所敬畏。自绝于上天，又与民众结下怨恨。他砍断冬天涉水者的小腿，剖开贤人的心脏，作威杀戮，毒害天下。他崇尚宠信奸邪小人，放逐太师太保，摒弃常法，囚禁奴辱正直中正之士。祭天祭地的大典不举办，祖庙不去祭奠，做些奇异淫新巧的事来取悦妇人。上帝不依，断然降下这丧亡的大祸。你们应当奋勇努力，辅佐我，去遵行上天的惩处。古人有话讲：「抚爱我们的即是君主，虐待我们的即是仇敌。」商纣大行威虐，是你们当世的仇敌。建树美德，力求滋长，清除邪恶，力求除根，故而我领着你们众将士去灭除你们的仇敌。你们众将士要做到果敢坚毅，来成就你们君主的大业啊。功劳多的有重赏，不能做到果敢坚决惩处。』

『啊！我先父文王的德政如同日月照临，光辉普及四方，在西方国家尤其清楚。故而我们周国广泛受到众诸侯国的亲近。要是我战胜纣，并不是我勇武，只因我的先父文王没有过错；要是纣战胜我，并不是我的先父有过错，只由于我不善。』

牧誓

武王戎车三百两，虎贲三百人，与受战于牧野，作《牧誓》。

时甲子昧爽，王朝至于商郊牧野，乃誓。王左仗黄钺，右秉白旄以麾。曰：『逖①矣，西土之人！』王曰：

『嗟！我友邦冢君，御事：司徒、司马、司空，亚旅、师氏、千夫长、百夫长，及庸、蜀、羌、髳、微、卢、彭、濮人。称尔戈，比尔干，立尔矛，予其誓。』

王曰：『古人有言曰：「牝鸡无晨；牝鸡之晨，惟家之索。」今商王受，惟妇言是用，昏弃厥肆祀，弗答；昏弃厥遗王父母弟，不迪；乃惟四方之多罪逋逃，是崇是长，是信是使，是以为大夫卿士，俾暴虐于百姓，以奸宄于商邑。今予发，惟恭行天之罚。今日之事，不愆于六步、七步，乃止，齐焉。夫子勖哉！不愆于四伐、五伐、六伐、七伐，乃止，齐焉。勖哉夫子！尚桓桓②，如虎如貔，如熊如罴，于商郊。弗迓克奔，以役西土。勖哉夫子！尔所弗勖，其于尔躬有戮！』

【注释】

①逖：远。

②桓桓：威武的样子。

【译文】

周武王出动战车三百辆，勇士三千人，在牧野跟商纣王作战，史官记录下这件事情，写出《牧誓》。

在二月五日的黎明时刻，周武王领着军队来到商都城郊的牧野，举办誓师仪式，并发布誓师词。武王左手拿黄色青铜大斧，右手拿着指挥用的白色旗子。他说：『辛苦了啊，你们这些从西方远道而来的将士们！』又说：『啊！我们友邦的国君和辅佐国君处理政务的大臣，司徒、司马、司空、亚旅、师氏，千夫长、百夫长，以及庸、蜀、羌、髳、微、卢、彭、濮的人们，举起你们的戈，排好你们的盾，立好你们的矛，我要发布誓师词了！』

武王说：『古人有句名言，说：「母鸡早晨是不打鸣的；一旦母鸡早晨打鸣，这户人家便要衰落。」现在，商纣王却只是听从妇人之言，蔑视地对待祖宗祭祀，对祭祖之礼不闻不问；蔑视地对待同族兄弟，对他们不予任命。不过他对四方犯有重罪的逃犯，居然那般推崇，那般尊敬，那般信任，那般重用，任用他们担任大夫、卿士这类要职，使他们残暴地对待民众，在商到处犯法作乱。如今，我姬发要严肃地对他施行上天的惩罚。如今的战事要求是：行进时，不超过六七步，就将停下来，等着队伍走整齐。将士们，努力吧！刺击时，不超过四次、五次、六次、七次，就将停下来，等着阵容排整齐。努力吧，将士们！要威武雄壮，像虎、像豹、像熊、像罴一般，奔向商都的郊野。不要投降，给我们周族以帮助的人。努力吧，将士们！你们要是敢不努力作战，我就要惩处你们，把你们杀死！』

武成

武王伐殷。往伐归兽，识其政事，作《武成》。

惟一月壬辰，旁死魄。越翼日，癸巳，王朝步自周，于征伐商。

厥四月，哉生明，王来自商，至于丰。乃偃武修文，归马于华山之阳，放牛于桃林之野，示天下弗服。

丁未，祀于周庙，邦甸、侯卫，骏奔走，执豆、笾。越三日，庚戌，柴、望，大告武成。

既生魄[1]，庶邦冢君暨百工，受命于周。

王若曰：『呜呼，群后！惟先王建邦启土，公刘克笃前烈，至于大王肇基王迹，王季其勤王家。我文考文王，克成厥勋，诞膺天命，以抚方夏。大邦畏其力，小邦怀其德。惟九年，大统未集，予小子其承厥志。

底[2]商之罪，告于皇天、后土、所过名山、大川，曰：「惟有道曾孙周王发，将有大正于商。今商王受无道，暴殄天物，害虐烝民，为天下逋逃主，萃渊薮。予小子既获仁人，敢祗承上帝，以遏乱略。华夏蛮貊，罔不率俾[3]。恭天成命，肆予东征，绥厥士女。惟其士女，篚厥玄黄，昭我周王。天休震动，用附我大邑周。惟尔有神，尚克相予以济兆民，无作神羞！既戊午，师逾孟津。癸亥，陈于商郊，俟天休命。甲子昧爽，受率其旅若林，会于牧野。罔有敌于我师，前途[4]倒戈，攻于后以北，血流漂杵。一戎衣，天下大定。乃反商政，政由旧。释箕子囚，封比干墓，式商容闾。散鹿台之财，发钜桥之粟，大赉[5]于四海，而万姓悦服。」

列爵惟五，分土惟三。建官惟贤，位事惟能。重民五教，惟食、丧、祭。惇信明义，崇德报功。垂拱而天下治。

【注释】

①既生魄：月圆之后。

②厎：犹言厎告，诉告。

③俾：服从。

④前途：指前军。

⑤赉：赏赐。

【译文】

在周武王征讨殷商的过程中，史官记录下从前征讨到回来巡狩期间所出现的大事，撰写出《武成》。

一月壬辰日这一天，月亮大都黯淡无光。到第二天癸巳日，武王一早便从镐京率军出发，前去伐商。

四月间，当月亮刚开始发出光辉的时候，武王便从商地归来，抵达丰邑。从此之后，他便停止战备，收起刀枪，开始治理文明，实施教化，把战马都放归华山的南坡，把役牛都送去桃林的旷野，明确地向天下表明，从此再不使用它们兴兵了。

四月丁未日，武王到周庙举行祭礼，远近诸侯们都忙碌地东奔西走，有的陈放木豆，有的摆放竹笾，前去助祭。到第三天庚戌日，又举办柴祭礼来祭祀上天，举行望祭礼来祭祀山川，一一向诸神汇报伐商已经大获全胜。

月圆之后，四方诸侯和文武百官都前来镐京，接受王命。

周王向大众说：『哎呀，各邦国的大君们！很久很久以前，我们周族的先王便建立了邦国，并开始开疆拓土；而公刘则继承并发展了先人的大业。到了太王，又开始经营王者大业，而王季更为王者大业付出了辛勤和劳苦。我的先父文王则可以成就先王的事业，把天命全部承接下来，安抚四方，治理天下。大国害怕他的武力，小国感念他的美德，他真是功德无量啊。不过先父在位仅仅九年，统一天下的大业没有完成，我姬发便承接了他的遗志，揭发商纣王的罪行，把它报告给皇天后土，还有我所经过的名山大川。我说：「周族有道的曾孙周王姬发，对殷商将有重大的举动。现在，商纣王荒淫无道，肆意糟蹋万物，残酷虐待民众，成了天下逃亡罪犯的魁首和罪恶聚集的渊泽。如今，我姬发已经获得仁人志士的帮助，故而敢于冒昧地敬承上天的旨意，来阻止殷商的乱政。华夏各族和四方诸国，无不遵循我的决策。我决心施行上天的旨意，完成上天赋予我的大命，故而便兴师东征，去安抚那儿的男男女女。那儿的男男女女用竹筐盛着玄色和黄色丝帛，前来求见我周王。他们都被上天的美意深深打动，故而都来依附我们大周国。希望你们的神灵辅佑，让我去拯救亿万民众，并让你们的神灵不再蒙受羞辱！」到了戊午日，我们的伐商大军越过孟津。癸亥日，我在商都郊外布好军阵，等待上天下达命令。甲子日黎明时分，商纣王领着他那如林的大军，前来牧野与我的大军会战。他的军队都不希望与我的军队对抗，最后，前面部队纷纷临阵倒戈，掉头去还击他的后续部队，商军故而惨败，血流成河，血水让丢弃的兵器都漂起来了。一举击败殷商，天下完全安定下来之后，我便废除了商纣王所施行的暴政，恢复了商代先王原先的善政。释放了被囚禁的箕子，修治了比干的坟墓，拜访了商容的故居。还散发了鹿台积聚的财货，发放了钜桥收藏的米粟，大赏四海民众，使得民众对我们大周国都心悦诚服。」

周武王统治天下之后，实施了以下措施：设立爵位，共列五级；划地分封，共分三等；任命官长唯贤是举，安排官吏唯能是用；治国注重民众的五常之教，还有民食、丧礼、祭祀三件大事；并能忠厚诚信，显扬道义，尊敬有德的人，报答有功的人。于是武王在垂衣拱手而天下大治。

洪范

武王胜殷，杀受，立武庚，以箕子归，作《洪范》①。

惟十有三祀，王访于箕子。王乃言曰：『呜呼！箕子，惟天阴骘下民，相协厥居，我不知其彝伦攸叙。』

箕子乃言曰：『我闻在昔鲧陻洪水，汩陈其五行。帝乃震怒，不畀②洪范九畴，彝伦攸斁③。鲧则殛死，禹乃嗣兴。天乃锡禹洪范九畴，彝伦攸叙。』

『初一曰五行，次二曰敬用五事，次三曰农④用八政，次四曰协用五纪，次五曰建用皇极，次六曰乂用三德，次七曰明用稽疑，次八曰念用庶征，次九曰向用五福，威用六极。』

『一、五行：一曰水，二曰火，三曰木，四曰金，五曰土。水曰润下，火曰炎上，木曰曲直，金曰从革，土爰稼穑。润下作咸，炎上作苦，曲直作酸，从革作辛，稼穑作甘。』

『二、五事：一曰貌，二曰言，三曰视，四曰听，五曰思。貌曰恭，言曰从，视曰明，听曰聪，思曰睿[⑤]。恭作肃，从作乂，明作哲，聪作谋，睿作圣。』

『三、八政：一曰食，二曰货，三曰祀，四曰司空，五曰司徒，六曰司寇，七曰宾[⑥]，八曰师。』

『四、五纪：一曰岁，二曰月，三曰日，四曰星辰，五曰历数。』

『五、皇极：皇建其有极。敛时五福，用敷锡厥庶民。惟时厥庶民于汝极，锡汝保极。凡厥庶民，无有淫朋，人无有比德，惟皇作极。凡厥庶民，有猷有为有守，汝则念之。不协于极，不罹于咎，皇则受之。而康而色，曰：「予攸[⑦]好德。」汝则锡之福。时人斯其惟皇之极。无虐茕独，而畏高明，人之有能有为，使羞其行，而邦其昌。凡厥正人，既富方谷。汝弗能使有好于而家，时人斯其辜。于其无好德，汝虽锡之福，其作汝用咎。无偏无陂，遵王之义；无有作好，遵王之道；无有作恶，遵王之路。无偏无党，王道荡荡；无党无偏，王道平平；无反无侧，王道正直。会其有极，归其有极。曰皇极之敷言[⑧]，是彝是训，于帝其训。凡厥庶民，极之敷言，是训是行，以近天子之光。曰天子作民父母，以为天下王。』

『六、三德：一曰正直，二曰刚克，三曰柔克。平康正直。强弗友刚克，燮[⑨]友柔克。沈潜刚克，高明柔克。惟辟作福，惟辟作威，惟辟玉食；臣无有作福作威玉食。臣之有作福作威玉食，其害于而家，凶于而国，人用侧颇僻，民用僭忒。』

『七、稽疑：择建立卜筮人，乃命卜筮：曰雨，曰霁，曰蒙，曰驿，曰克，曰贞，曰悔，凡七。卜五，占用二，衍忒。立时人⑩作卜筮，三人占，则从二人之言。汝则有大疑，谋及乃心，谋及卿士，谋及庶人，谋及卜筮。汝则从、龟从、筮从、卿士从、庶民从，是之谓大同。身其康强，子孙其逢吉。汝则从、龟从、筮从、卿士逆、庶民逆，吉。卿士从，龟从、筮从、汝则逆、庶民逆，吉。庶民从、龟从、筮从、汝则逆、卿士逆，吉。汝则从、龟从、筮逆、卿士逆、庶民逆，作内吉，作外凶。龟筮共违于人，用静吉，用作凶。』

『八、庶征：曰雨，曰旸，曰燠，曰寒，曰风。曰时五者来备，各以其叙，庶草蕃庑。一极备，凶；一极无，凶。』

『曰休征：曰肃，时雨若；曰乂，时旸若；曰晰，时燠若；曰谋，时寒若；曰圣，时风若。』

『曰咎征：曰狂，恒雨若；曰僭，恒旸若；曰豫，恒燠若；曰急，恒寒若；曰蒙，恒风若。』

『曰王省惟岁，卿士惟月，师尹惟日。岁、月、日时无易，百谷用成，乂用明，俊民用章，家用平康。日、月、岁时既易，百谷用不成，乂用昏不明，俊民用微，家用不宁。庶民惟星，星有好风，星有好雨。日月之行，则有冬有夏。月之从星，则以风雨。』

『九、五福：一曰寿，二曰富，三曰康宁，四曰攸好德，五曰考终命。六极：一曰凶短折，二曰疾，三曰忧，四曰贫，五曰恶，六曰弱。』

【注释】

①洪范：就是大法的意思。洪，大；范，法。

②畀（bǐ）：给予。

③斁（dù）：败坏。

④农：勉，努力的意思。

⑤睿：通达。

⑥宾：掌管诸侯朝见的官。

⑦攸：所。

⑧敷言：宣布的言论。

⑨燮（xiè）：温和。

⑩立时人：任用这些人。

【译文】

武王打败商后，杀死商纣王，把他的儿子武庚封为殷君，之后带着箕子回到京城，向他询问治国的办法。史官记录此事，撰写了《洪范》。

周文王建立周国后的第十三年，周武王拜访箕子。武王说道：『唉！箕子，上帝庇荫安定百姓，佑助他们和睦相处，我却不晓得上天用来安定百姓的常理究竟有哪一些。』

箕子答复说：『我听说过去鲧采取堵塞的办法治理洪水，搅乱了五行的秩序，上帝于是大为震怒，没有把九种治国办法传给鲧，治国安民的常理由此败坏。鲧受到惩处而死，禹便继承了他父亲的事业继续治理洪水。天帝于是赐给禹九种办法，治国常理故而有了次序。』

『第一条是五行；第二条是慎重地做好五事；第三条是尽力办好八种政务；第四条是合用好五种计时

办法；第五条是建立好君王统治的原则；第六条推行三种治理臣民的办法；第七条是明确运用好决断疑难问题的方法；第八条是用心考察各种征兆；第九条是用五种幸福劝人为善，用六种罚戒人作恶。让他们感到害怕。』

『一、五行：一为水，二为火，三为木，四为金，五为土。水是向下润湿，火是向上燃烧，木是可以弯曲、伸直，金在熔化后能够顺从人意更改形状，土壤能够种植百谷。湿润向下的水产生咸味，燃烧向上的火产生苦味，能曲直的木产生酸味，顺从人意而变形的金产生辣味，土地上生长的庄稼，它的味道是甜的。』

『二、五事：一为态度，二为语言，三为观察，四为听闻，五为思考。态度要恭敬，言论得合乎道理，观察要清楚，听取意见要聪敏，思考要通达。态度恭敬，天下的人就会严肃；言论合乎道理，天下就会大治；观察事物清楚，就不会受蒙蔽；听取意见聪敏，便能善谋；考虑问题通达便能够成为圣人。』

『三、八项政务：一为管理农业生产，二为管理商业贸易，三为管理祭祀，四为管理臣民的居住交通，五为管理教育，六为管理司法，七为管理朝见、接待宾客，八为管理军事。』

『四、五种计时方法：一为年，二为月，三为日，四为星辰，五为历法。』

『五、最高准则：君王建立国政要有准则。拥有五种福气，用来广泛地赏赐臣民，并且考虑让臣民对你的准则有正确的认识，拿出你维护准则的具体做法：但凡臣民，都不允许结成私党为非作歹，不结成私党后就会把天子所建立的原则作为最高准则。凡是臣民都应当为天子谋虑，为天子办事，都应当根据天子所建立的原则要求自己。你要牢牢记住这一点，虽然他们的作为有时不合于最高原则，但只要还没有达到犯罪的范畴，天子就应当宽容他。假如有人态度谦恭地告诉你说：「我所爱好的就是您所建立的道德规范。」

你就应当赏赐他一些好处。这样，人们就会把国王所建立的道德规范当作至高无上的准则而加以遵守了。不要虐待那些无依无靠的人，然而，对那些高贵显赫的贵族却要畏惧。人们中有能力、有作为的，便应当让他们继续发展其才能，提高其德行，这样，你的国家就会繁荣昌盛了。凡是做官的，都应当给他们以丰厚的待遇，使他们又富又贵。假如你不能让你的臣子为王室做出贡献，这样的臣子就将走上邪路。对于那些不喜好你所建立的道德规范的人，你虽然赏赐给他许多好处，那他一定还会给你带来许多危害。不应当有任何的偏颇，要完全遵照你所建立的规范行事；不要有任何私人爱好，要完全遵照你所确定的道路行进；不要为非作歹，要根据你所指出的正路要求自己。没有偏私，没有朋党，道路就是广阔的；没有朋党，没有偏私，道路就是顺畅的；不要违反王道，不要违反法度，道路就是正直的。要用那些能够按照王道的准则办事的人做官吏，以便使所有臣民都能归向王道的最高准则。所以说，天子所宣布的至高无上的准则，就是要遵守的法令，就是天子的教导，这个教导是符合上帝的意旨的。凡是臣民都应当按照这个最高准则行事的，就算是亲附天子的了。所以说，天子应当像做臣民的父母一般，做天下臣民的君主。』

『六、三种治理臣民的办法：一、能够端正人的曲直；二、以刚取胜；三、以柔制胜。要想使国家太平无事，就必须端正人的曲直。对于那些强硬而不能亲近的人，必须用强硬的办法镇压他们，对那些可以亲近的人，就用柔和的办法对待他们。只有天子才有权给人以幸福，只有天子才可以给人以惩罚，只有天子才可以吃美好的饭食；而臣子没有权力给人以幸福和惩罚，也没有权力吃美好的饭食。假如臣子擅自给人以幸福和惩罚，吃美好的饭食，就会给你的王室带来危害，给你的国家带来危害，人们也将因此而背离王道，小民也将因此而犯上作乱。』

『七、用卜筮决断疑问；选择确定占卜筮卦的人，教会他们占卜筮卦。卜筮的征兆如下：有的为雨，如下雨，有的为霁，如雨后天上的云气；有的为蒙，如雾气；有的为驿，如聚散飘忽若有若无的云气；有的为克，如二兆相侵；有的为贞，内卦；有的为悔，外卦，共为七种。前五种为龟甲卜卦，后两种为用筮蓍草的卦象，由此推演变化。任用这些人从事卜筮时，三个人分别占卜，便应信从两个人的判断。你要是有重大的问题、疑问，自己反复思考，和卿士商量，和庶民商量，问及卜筮。你要是赞成，龟卜赞成，筮占赞成，卿士赞成，庶民赞成，这便称为大同。如此，自己的身体便健康强壮，子孙后代便兴旺大吉。你自己要是赞成，龟卜赞成，筮占赞成，卿士反对，庶民反对，也算吉祥。卿士赞成，龟卜赞成，筮占赞成，你自己却反对，庶民反对，也算吉祥。庶民赞成，龟卜赞成，筮占赞成，你自己却反对，卿士反对，也算吉祥。你自己要是赞成，龟卜赞成，筮卦反对，卿士反对，庶民反对，作国内事吉祥，作国外事便有凶祸。龟卜筮占都不合人意，那么，采取安静策略便吉祥，有所举动便有凶祸。』

『八、众多征兆：为雨，为晴，为热，为寒，为风。一年中这五种现象各依据时序出现，便风调雨顺，百草生长繁茂。这五种现象中的任何一种过多，就是凶灾；任何一种现象太少，也是凶灾。』

『众多美好的征兆：为肃，君王办事恭慎，雨水适时降落；为乂，君王政治清明，气候适时阳光充足；为晰，君王贤明，气候适时温暖；为谋，君王深谋远虑，气候适时寒冷；为圣，君王通达道理，气候适时刮风。』

『众多恶劣的征兆：为狂，君王行径狂妄，天一直降雨；为僭，君王办事出现差错，天气久旱不雨；为豫，君王贪婪安逸，天气炎热不消；为急，君王急躁，天气便严寒不退；为蒙，君王昏聩，天便大风不停。』

『天子有了过失，就会影响一年；卿士有了过失，就会影响一月；官吏有了过失，就会影响一天。岁、月、日适时变化，没有异常，庄稼就成熟丰收，政事治理清明，贤能之人提拔任用，国家因而太平安康。岁、月、日出现异常变化，庄稼不能成熟丰收，政治昏聩，贤能的人埋没得不到任命，国家因而不得安宁。百姓像星辰依附围绕君王，他们需要君王的风雨润泽。日月按规律运转，便出现了冬夏两季。民众像星星的运行一般，要依附顺从于月亮，如此便会用君王的风雨润泽他们。』

『九、五种幸福：一是长寿，二是富贵，三是健康安宁，四是喜好美德，五是老而善终。六种惩罚：一是早死，二是疾病，三是忧愁，四是贫穷，五是邪恶，六是懦弱。』

旅獒

西旅献獒，太保作《旅獒》。

惟克商，遂通道于九夷八蛮。西旅厎贡厥獒①，太保乃作《旅獒》，用训于王。

曰：『呜呼！明王慎德，四夷咸宾。无有远迩，毕献方物，惟服食器用。王乃昭德之致于异姓之邦，无替厥服；分宝玉于伯叔之国，时庸展亲。人不易物，惟德其物！』

『德盛不狎侮。狎侮君子，罔以尽人心；狎侮小人，罔以尽其力。不役耳目，百度惟贞②。玩人丧德，玩物丧志。志以道宁，言以道接。不作无益害有益，功乃成；不贵异物贱用物，民乃足。犬马非其土性不畜③，珍禽奇兽不育于国。不宝远物，则远人格；所宝惟贤，则迩人安。』

『呜呼！夙夜罔或不勤！不矜细行，终累大德。为山九仞，功亏一篑。允迪兹，生民保厥居，惟乃世王。』

【注释】

①底（zhǐ）：来。贡：进献。

②百度：百事。贞：正，正确妥善。

③土性：土生，土产。畜：养。

【译文】

西方旅国向武王进贡他们名贵的犬，太保召公对武王进行谏止，史官记录下召公的讲话，写出《旅獒》。

周武王打败殷商之后，又开通了通往四方各族的道路。西方旅国来进贡他们那里名贵的犬，太保召公便写了《旅獒》，来教导、谏止武王。

召公说：『哎呀！圣明的君王都敬慎德行，故而四方各族都来依附。不论远近，都要进贡本国的特产，所进献的东西，只不过是一些穿的、吃的、用的罢了。明君于是便把这些贡品拿出来让异姓诸侯看，并赏赐给他们，为的是让他们不荒废职事；还发赐宝玉给同姓邦国，为的是以此来彰显亲情。人们固然不敢小瞧那些物品，而是应该以德行的眼光看待它们。』

『德行隆盛的君王，是不会轻视侮慢他人的。轻视侮慢了官员，便没有人为他尽心从政；轻视侮慢了民众，便没有人为他尽力而为。只要不沉湎于声色，各种政务便会处理得很妥当。迷恋于自己所宠爱的女人，便会败坏高尚的德行；迷恋于自己欣赏的物件，便会丧失进取的志向。自己的志向，依托公理才可以坚定不移；别人的言论，凭借公理才可以应对无误。不做无益的事，去影响有益的事，事业才能成功；不看重奇珍异物，也不小瞧日常用品，民众才能富足。犬马，只要不是土生土长的便不畜养；即使是珍禽奇兽，只要不是土生土长的，也不在国内饲养。不珍爱远方的物产，远方的人反倒会前来依附；所珍视的只是贤才，身边的人就都会安居乐业。

『哎呀！从早到晚，不能有片刻不勤勉。不注重细节，最终会损伤德行，沦为无德。就像打算堆起九仞之高的土山，只要还差一筐土，也不算完成。您要是真正能依照这番劝告行事，那么民众便可以永远安居乐业，国家就可以世代为王于天下了。』

金滕

武王有疾，周公作《金滕》。

既克商二年，王有疾，弗豫①。二公曰：『我其为王穆卜？』周公曰：『未可以戚我先王。』公乃自以为功，为三坛同墠。为坛于南方北面，周公立焉。植璧秉珪，乃告大王、王季、文王。

史乃册祝曰：『惟尔元孙某，遘厉虐疾。若尔三王，是有丕子之责于天，以旦代某之身。予仁若考，能多材多艺，能事鬼神。乃元孙不若旦多材多艺，不能事鬼神。乃命于帝庭，敷佑四方。用能定尔子孙于下地，四方之民，罔不祗畏。呜呼！无坠天之降宝命，我先王亦永有依归。今我即命于元龟，尔之许我，我其以璧与珪，归俟尔命；尔不许我，我乃屏璧与珪。』

乃卜三龟，一习吉。启籥见书，乃并是吉。公曰：『体！王其罔害。予小子新命于三王，惟永终是图。兹攸俟，能念予一人。』公归，乃纳册于金縢之匮中。王翼日乃瘳。

武王既丧，管叔及其群弟乃流言于国，曰：『公将不利于孺子。』周公乃告二公曰：『我之弗辟，我无以告我先王。』周公居东二年，则罪人斯得。于后，公乃为诗以诒王，名之曰《鸱鸮》，王亦未敢诮公。

秋，大熟，未获，天大雷电以风，禾尽偃，大木斯拔。邦人大恐，王与大夫尽弁②，以启金縢之书，乃得周公所自以为功代武王之说。二公及王乃问诸史与百执事。对曰：『信。噫！公命我勿敢言。』

王执书以泣，曰：『其勿穆卜。昔公勤劳王家，惟予冲人弗及知。今天动威，以彰周公之德。惟朕小子其新逆，我国家礼亦宜之。』王出郊，天乃雨，反风，禾则尽起。二公命邦人，凡大木所偃，尽起而筑之。岁则大熟。

【注释】

①弗豫：古时天子生病叫『弗豫』。

②弁（biàn）：礼服。

【译文】

周武王生病了，周公祈祷神灵保佑武王，史官依照这个撰写了《金縢》。

殷商被灭亡的第二年，武王生病了，身体很不舒服。太公、召公说：『让我们为王恭敬地占卜一下好吗？』

周公说：『不要使我们的先王忧虑吧。』周公以自己作为抵押，清除一块土地为祭祀场所，在上面筑起三个祭坛。祭坛建在南边，面向北方，周公站在祭坛之上。祭坛上摆放璧玉，周公手持玉珪，便向太王、王季、文王祷告。

史官便把周公祷告时的祝词写在典册上，祝词说：『你的长孙姬发，遭遇了恶病。要是你们三位先王的在天之灵得了什么疾病，需要子孙前去服侍，那便让我姬旦来代替你们的长孙吧！我生性柔顺又乖巧伶俐，多才多艺，可以侍奉鬼神。而你们的长孙便不如我多才多艺，他不可以侍奉鬼神，他刚在上天那里接受任命，开始统治天下。因而你们子孙在人间的地位由此而确定下来。四方臣民无不既尊崇又畏惧。唉！不要毁坏上天所降给的宝贵大命吧！这样我们的先王也便永远有所依归了呀！如今我要通过龟卜来接受你们的命令，要是你们答应了我的请求，我便拿着璧和珪去死，等待你们的命令；要是你们不答应我的请求，我便抛掉璧和珪，不再请求了。』

于是在太王、王季、文王的灵位前各放一龟，卜问三龟。占卜结束后打开竹简，看见的都是吉祥。周公说：『好啊！王会没有危险的。我刚祷告三位先王，只希望国运长远；如今期待的，是先王可以俯念我谋国长远的诚心。』周公回去，把册书放进金属束着的匣子里。第二天，周武王的病便好了。

武王去世，管叔和他的弟弟们在国内散播谣言，说：『周公将会对幼小的成王不利。』周公便告诉太公、召公说：『我不摄政，天下就会叛乱，我将无言对我们先王了。』周公东征二年，把发动叛乱的罪人全部消灭。后来，周公作一首诗交给成王，名叫《鸱鸮》，向成王表明宁可消灭管、蔡，而不能毁掉周朝政权。成王虽不同意周公的意见，但不敢责备他。

秋天，庄稼大都成熟，还没有收获，突然雷电交加，又刮起大风，庄稼都倒伏了。大树也被拔起。国人十分恐慌。成王与大夫们都穿上朝服打开那金属束着的匣子，于是获得了周公以自身为质请代武王去死的祝辞。太公、召公和成王就向史官们询问这件事。他们答复说：『实有这件事情。唉！周公告诉我们不可以说出去。』

成王拿着周公所藏册书痛哭，说：『没必要再恭敬地占卜了。过去周公辛勤地为王室工作，只有我这个年轻人还不知这些事情。现在上帝动怒，大发威风，便是以此来彰显周公的德行。我应该亲自去迎接周公，这样做，依照我国所制定的礼仪也是应当的。』于是成王走出城郊迎接周公。这时，天下起了雨，风也按反方向刮起，倒下的庄稼都重新站立起来。太公、召公就命令国人，把被风刮倒的大树再次扶起来，并培土加固，这一年收成非常好。

大诰

武王崩，三监[①]及淮夷叛，周公相成王，将黜殷，作《大诰》。

王若曰：『猷！大诰尔多邦，越尔御事。弗吊[②]！天降割于我家，不少延！洪惟我幼冲人，嗣无疆大历服。弗造哲迪民康，矧曰其有能格知天命？已！予惟小子若涉渊水，予惟往求朕攸济。敷贲，敷前人受命，兹不忘大功！予不敢闭于天降威，用宁王遗我大宝龟，绍天明[③]。即命曰：「有大艰于西土，西土人亦不静。」越兹蠢。殷小腆诞敢纪其叙。天降威，知我国有疵，民不康，曰：「予复」，反鄙我周邦。今蠢，今翼日民献。有十夫予翼，以于敉宁、武图功。我有大事，休？朕卜并吉！』

『肆[④]予告我友邦君，越尹氏、庶士、御事，曰：予得吉卜，予惟以尔庶邦，于伐殷逋播臣。尔庶邦君越庶士、御事罔不反，曰：「艰大，民不静。亦惟在王宫、邦君室，越予小子考翼，不可征。王害不违卜？」』

『肆予冲人永思艰，曰：呜呼！允蠢鳏寡[⑤]，哀哉！予造天役，遗大投艰于朕身，越予冲人不卬自恤。义尔邦君，越尔多士、尹氏、御事，绥予曰：「无毖于恤，不可不成乃宁考图功。」』

『已！予惟小子，不敢替上帝命。天休于宁王，兴我小邦周。宁王惟卜，用克绥受兹命。今天其相民，矧亦惟卜用。呜呼！天明畏，弼我丕丕基！』

王曰：『尔惟旧人，尔丕克远省，尔知宁王若勤哉？天閟毖我成功所，予不敢不极卒宁王图事。肆予大化诱我友邦君，天棐忱辞，其考我民，予曷其不于前宁人图功攸终？天亦惟用勤毖⑥我民，若有疾，予曷敢不于前宁人攸受休毕！』

王曰：『若昔朕其逝，朕言艰日思。若考作室，既厎法，厥子乃弗肯堂，矧肯构？厥父菑，厥子乃弗肯播，矧肯获？厥考翼其肯曰：「予有后，弗弃基。」肆予曷敢不越卬敉宁王大命⑦？若兄考，乃有友伐厥子，民养其劝弗救？』

王曰：『呜呼！肆哉，尔庶邦君越尔御事。爽邦由哲。亦惟十人迪知上帝命。越天棐忱，尔时罔敢易法。矧今天降戾于周邦，惟大艰人，诞邻胥伐于厥室。尔亦不知天命不易！』

『予永念曰：天惟丧殷。若穑夫⑧，予曷敢不终朕亩？天亦惟休于前宁人，予曷其极卜敢弗于从？率宁人有指疆土？矧今卜并吉，肆朕诞以尔东征。天命不僭，卜陈惟若兹。』

【注释】

①三监：指管叔、蔡叔和商纣王的儿子武庚。

②吊：善。

③绍：卜。天明：即问明上天的用意。

④肆：所以。

⑤允：信，确实。蠢：扰动。鳏：无妻的男人。寡：失去丈夫的女人。

⑥毖：命令。

⑦肆：故。越：在。卬：我。

⑧穑夫：农民。指要像穑夫把种田的事情搞好一样完成丧殷之事。

【译文】

周武王去世，三监和淮夷反叛，周公辅佐成王，即将消灭殷商，作了《大诰》。

成王如此说：『啊，告知你们各国诸侯和你们这些办事大臣，不幸啊！上帝在我们国家降下灾难，灾祸在继续发展，不稍间断。我这个年轻人，承接了远大悠久的王业。没有碰到明智的人，引导民众安定下来，何况说会有能知晓天命的人呢？唉！我的处境，如同渡过深渊那样危险，我只想前往寻求渡过的方法。摆下占卜用的大龟吧，让它来宣布我们前辈是怎样在上帝那里接受任命的，这样的大功，是不应当忘记的！在上天降下灾难的时候，我不敢隐藏上天威严的旨意，用文王留给我们的大宝龟，卜问天命。我走到大龟面前祈祷说：「西方有大灾难，西方的人心也不安宁。」于是那些阴谋叛乱的人就更加蠢蠢欲动了。殷商的余孽竟然敢妄图恢复他们的统治地位。因上帝降下灾难，他们晓得我们国家有困难，人心不定。他们说：「我们要复国！」反而更加看不起我们周国。现在他们发动叛乱了，有的地方的人响应他们这种叛乱。这几天，有十位贤者来辅佐我，我要和他们一起平定叛乱完成文王、武王所谋的大业。我国将有战事，会吉利吗？我的卜兆全部吉利。』

『故而，我要郑重地向你们各国诸侯和你们的部下官史宣布命令：「我获得了吉利的卜兆，我希望和你们各国一块去征讨殷商的反叛之人。」你们各位国君及众士、御事们没有不反对的，说：「困难很大啊，百姓也不安宁。还要担忧那些叛乱的人有些就出自王室和邦君室里，他们是我们的长辈，不能够去讨伐他们。王啊！为何不违反龟卜呢？」』

『如今我们应该为我们年幼的君王深深地思考出征的艰难，唉！真的搅扰了那些无依无靠的人，令人哀痛啊！我们遭遇到了天灾，上天把巨大的艰难交付给我，我不能只是为自己而担忧。我猜想你们众位国君，及你们的官员们，也会这样安慰我说：「不要害怕忧患，不能不完文王所谋求的大业！」』

『唉！我想我是文王的儿子，我不敢废掉上帝的命令。上天嘉奖文王，振兴了我们这个小小的周国。文王便是运用龟卜，故而可以承受这个天命。如今上天将帮助百姓，何况运用龟卜了解了上帝的这番用意呢。啊！天命是威严的，请你们辅佐我的伟大事业吧！』

王说：『你们都是曾经辅佐过文王的老臣，你们大多可以知晓很久的往事，你们晓得文王是如何勤劳的吗？上天慎重地告诉我们成功的方法，我不敢不急切地完成文王所谋求的大业。如今我慎重地劝导我们友邦的国君，上天用诚恳的言辞来佑助我们，要成全我们的百姓，我如何可以不成就文王所谋求的大业呢？上天也想施加勤劳给我们的百姓，便如同去掉自己身上的疾病那样迫切，我怎敢不完成文王所接受的美好的大业！』

王说：『先前我有随武王伐纣灭殷的经历，故而我天天思考这次艰难的东征。这可用造房子打个比方，父亲在造房子时，他已经制定好了规划，他的儿子连堆土打地基的劳力都不愿出，更何况是盖房子呢？父亲已经耕好了田地，他的儿子连播种的事都不愿干，更何况去收获庄稼呢？做父亲的是敬重自己事业的，父亲怎可以说：「我的后代，他不会毁弃我的基业。」故而我如何敢不在执掌大位期间亲自去讨伐叛乱，完成文王从上帝那里接受的大命呢？又好比当父兄的，如果有的邻国讨伐他们的子弟，难道那些统治他们的侯王能够劝阻他们不去救助自己的子弟吗？』

王说：『啊呀！努力吧，你们诸位国君还有你们这些近臣官员们。要把国家治理好，一定要任用圣明的人。如今我们也有十个贤人，他们都引导我们明白上帝的旨意和上帝真诚帮助我们的情形，你们是不敢轻慢废弃上帝旨意的，更何况如今上帝又要降罪于周朝。那些发难反叛的大罪人勾结相邻的殷人，同室操戈，伐我周朝，难道你们不晓得上帝赐予周朝的大命是不会更改的吗？』

『我在长时间考虑后觉得：上帝决定灭绝殷朝。我们受命之后，便如同农夫一样，怎敢不像完成农事一般去灭殷呢？上帝决定降大命给先文王，我怎敢放弃卜兆不遵从上帝的旨意，不遵循文王的意图而不去保卫我们疆土呢？何况如今占卜都已获得了吉兆，故而，我将率领你们东征平叛。上帝的命令没有差错，占卜的兆象明白地呈现在这儿。』

微子之命

成王既黜殷命，杀武庚，命微子启代殷后，作《微子之命》。

王若曰：『猷！殷王元子。惟稽古①，崇德象贤。统承先王，修其礼物，作宾于王家，与国咸休，永世无穷。呜呼！乃祖成汤克齐圣广渊，皇天眷佑，诞受厥命。抚民以宽，除其邪虐，功加于时，德垂后裔。尔惟践修厥猷，旧有令闻。恪慎克孝，肃恭神人。予嘉乃德，曰笃不忘。上帝时歆②，下民祗协，庸建尔于上公，尹兹东夏。』

『钦哉！往敷[3]乃训，慎乃服命，率由典常，以蕃王室。弘乃烈祖，律乃有民，永绥厥位，毗予一人[4]。世世享德，万邦作式，俾我有周无斁。呜呼！往哉惟休，无替朕命。』

【注释】

①稽古：考察古代典制。

②歆（xīn）：祭祀时祭品发出的气味供鬼神享用，称『歆』，因而『歆』即歆享，指鬼神享用祭品。

③敷：发布。

④毗：辅佐。予一人：成王自谓。

【译文】

周成王灭了殷国，杀死殷王武庚，册封微子替代武庚管理殷人的后人。史官记下此事，写出了《微子之命》。

成王如此说：『啊！殷王帝乙的长子。考核古代殷商的历史，有尊崇圣德，效法先贤的后人可以主祀的制度。你能继承殷先王的传统，修习其礼制文史，可以主祀，做周王朝的宾客，与王室同样美好，并代代相传永无穷尽。啊！你的先祖成汤，能修身自省、神明通达、宽宏大量、思谋深邃，老天垂爱护佑他，于是接受了上天赐予的大命。他用宽松政策安治百姓，去除邪恶暴虐之人，他的功劳施于当时，美德留传于后世子孙。你履行成汤大道，老早便有好声誉，你谨慎恭敬能行孝道，严肃恭敬地对待神灵和民众。我嘉奖你的美德，认为你的美德纯厚而不可忘记。上帝常常享受你的祭典，民众对你尊敬与你关系和睦，故而我封你为上公，管理东方华夏之国。』

『要敬慎啊！前去发布你的政令，慎重执守你的职责和使命，遵从常法，以卫护周王室。弘扬你功绩显赫的先祖成汤的治国之道，用法度约束好你的百姓，永远安居于上公地位，辅助我一人。如此你的子孙世代享有美德，天下各国也以你做榜样，顺从我周王朝而不厌烦。啊！去吧，要好好治理你的国家，不要废弃我的诰命。』

康诰

成王既伐管叔、蔡叔，以殷馀民[1]封康叔，作《康诰》《酒诰》《梓材》。

惟三月哉生魄，周公初基作新大邑于东国洛，四方民大和会。侯甸男邦，采卫百工，播民和见，士于周。周公咸勤，乃洪大诰治。

王若曰：『孟侯，朕其弟，小子封！惟乃丕显考文王，克明德慎罚，不敢侮鳏寡，庸庸，祇祇，威威，显民。用肇造我区夏，越我一二邦，以修我西土。惟时怙冒闻于上帝，帝休，天乃大命文王殪戎殷[2]，诞受厥命越厥邦厥民。惟时叙，乃寡兄勖，肆汝小子封在兹东土。』

王曰：『呜呼！封，汝念哉！今民将在祗遹乃文考，绍闻衣德言[3]。往敷求于殷先哲王，用保乂民。汝丕远惟商耇成人，宅心知训。别求闻由古先哲王，用康保民。弘于天，若德裕乃身，不废在王命。』

王曰：『呜呼！小子封，恫瘝乃身[4]，敬哉！天畏棐忱，民情大可见。小人难保。往尽乃心，无康好逸豫，乃其乂民。我闻曰：「怨不在大，亦不在小。」惠不惠，懋不懋。已！汝惟小子，乃服惟弘，王应保殷民，亦惟助王宅天命，作新民。』

王曰：『呜呼！封，敬明乃罚。人有小罪，非眚[5]，乃惟终，自作不典，式尔，有厥罪小，乃不可不杀。乃有大罪，非终，乃惟眚灾，适尔，既道极厥辜，时乃不可杀。』

王曰：『呜呼！封，有叙时，乃大明服，惟民其敕懋和。若有疾，惟民其毕弃咎。若保赤子，惟民其康乂。非汝封刑人杀人，无或刑人杀人。非汝封又曰劓刵人，无或劓刵人。』

王曰：『外事，汝陈时臬，司师，兹殷罚有伦。』又曰：『要囚，服念五六日，至于旬时，丕蔽要囚。』

王曰：『汝陈时臬，事罚。蔽殷彝，用其义刑义杀，勿庸以次汝封。乃汝尽逊，曰时叙，惟曰未有逊事。』

『已！汝惟小子，未其有若汝封之心，朕心朕德惟乃知。』

『凡民自得罪，寇攘奸宄，杀越人于货，暋[6]不畏死，罔弗憝。』

王曰：『封，元恶大憝，矧惟不孝不友。子弗祗服厥父事，大伤厥考心；于父不能字厥子，乃疾厥子。于弟弗念天显，乃弗克恭厥兄；兄亦不念鞠子哀，大不友于弟。惟吊兹，不于我政人得罪，天惟与我民彝大泯乱。』曰：『乃其速由文王作罚，刑兹无赦。』

『不率大戛，矧惟外庶子、训人。惟厥正人越小臣诸节，乃别播敷，造民大誉，弗念弗庸，瘝厥君。时乃引恶，惟朕憝。已！汝乃其速由兹义率杀。』

『亦惟君惟长，不能厥家人，越厥小臣外正。惟威惟虐，大放王命，乃非德用乂。汝亦罔不克敬典，乃由裕民，惟文王之敬忌，乃裕民。曰：「我惟有及。」则予一人以怿。』

王曰：『封，爽惟民迪吉康。我时其惟殷先哲王德，用康乂民作求。矧今民罔迪不适，不迪则罔政在厥邦。』

王曰："封，予惟不可不监，告汝德之说于罚之行。今惟民不静，未戾厥心，迪屡未同。爽惟天其罚殛我，我其不怨。惟厥罪无在大，亦无在多，矧曰其尚显闻于天。"

王曰："呜呼！封，敬哉！无作怨，勿用非谋非彝，蔽时忱。丕则敏德⑦，用康乃心，顾乃德。远乃猷裕，乃以民宁，不汝瑕殄。"

王曰："呜呼！肆汝小子封，惟命不于常，汝念哉！无我殄享。明乃服命⑧，高乃听，用康乂民。"

王若曰："往哉！封，勿替敬，典听朕告，汝乃以殷民世享。"

【注释】

①馀民：遗民。

②殪（yì）：死，这里是灭亡的意思。戎殷：大殷。

③绍：继。衣：依照。

④恫：痛。瘝（guān）：病。

⑤眚：悔过的意思。

⑥暋（mǐn）：强横。

⑦丕：语气助词。敏德：因时制宜推行德政。敏，勤勉。

⑧明：勉。服命：职责。

【译文】

周成王征讨管叔、蔡叔之后，把殷商的遗民封给康叔管理，周公奉成王之命向康叔发布诰词，告诉他怎样治理这些遗民。史官记录下周公的诰词，撰写了《康诰》《酒诰》和《梓材》。

三月初，周公开始在东方洛水之滨营造一座新都城，四方臣民都集合到这儿。诸侯、百官及殷商的遗民，都来营建洛邑，为大周王室效力。周公前往一一地犒劳他们，并代表成王向康叔发布诰词，告诉他管理殷商遗民的大道理。

君王如此说：『诸侯之长，我的弟弟，年轻的封啊！你那英明的先父文王，崇尚德教，慎用刑罚，从不敢欺侮无依无靠的人；擅长重用那些值得重用的人，尊重那些值得尊重的人，镇压那些应该镇压的人，并把这些都展示给民众。如此，才缔造出了我们小小的周国，并与我们的几个友邦一起治理我们西方。他这种非常勤勉的德行，被上天知道，上天十分高兴，便给他降下大命，消亡大殷国，替代殷国承受天命，来统治国家和臣民。把文王开创的基业继续下来的，则是你的兄长武王努力的结果。故而，你这个年轻人才可以被封到殷商故地——东土之上。』

周公说：『啊！封，你要很好地考虑我所告诫你的那些话！如今殷民将观察你是否恭敬地遵从你的父亲文王的传统，你要尽力听取并顺从德教来治理。你要去寻找殷代圣明先王用来安养治理百姓的办法，你还要寻找殷商年长的贤者，深远思虑他们的见解，揣度民心，以便知道该怎样教导百姓。此外，你还要探求古代圣明帝王安保民众的治国之道，把殷商遗民治理好，才能得到安康。你要胸怀宽广，修养自身，我们的政权就不会被上帝废弃了。』

周公说：『啊！年轻的封啊，民众的疾苦便是你自己的疾苦，要谨慎啊！上帝是可怕的，它是不是诚心地帮助你，往往要通过臣民的情绪表现出来。小人是难于治理的，你前往殷商地要尽心竭力，不可贪图安逸享乐，只有这样，才能管理好百姓。我听说：「民怨不管大小，都得认真对待。」要让不顺从的人顺从，让不尽力的人勤勉努力。啊！你是个年轻的人，你的责任是重大的，君王接受天命治理殷地遗民，你也要思虑辅佐国王确定天命，按照上帝的意旨来改造殷民。』

王说：『唉！封，谨慎严明地运用刑罚。一个人犯了小罪，不肯悔过，一错再错，这说明他故意如此做，就算犯的罪很小，也不能不把他杀掉。一个人犯了大罪，不再坚持罪恶，愿意悔过，是偶然犯罪，他已经把自己的罪行交代明白，这样的人不能够杀掉。』

王说：『唉！封，能依照这样的道理来使用刑罚，百姓便会心悦诚服，他们便会努力勤勉，和睦相处不去犯上作乱。就如同医治疾病一般，让百姓完全地去除各自的罪恶。就如同保护幼稚的孩子，让百姓达到生活安康，并不是你封惩罚人杀人，那是上帝的意旨。并不是你封又命令用劓刑处罚人，那也是上帝的意旨。』

王说：『对外，你要陈列公布有关的法律，约束百姓，如此殷商的法律便显得合理公允。』王又说：『在审查犯人的供词时，要反复思考五六天，甚至十天，才可以对他们做出判定。』

王说：『你陈列公布了有关施用刑罚的准则以后，就可以从事惩罚了。判决要根据殷商的法律，给予适当合理的刑杀判定，原则：凡是应该受到惩罚的就一定要加以惩罚，凡是应该杀掉的就一定要把他杀掉。不要以你封个人的意志为准。要是你完全顺着你的意志，就说是服从上帝的旨意，那么便不能说是断案顺利。』

『唉！你虽是年轻人，但没有比你封的心再好的了。我的想法我的德政，只有你明白。』

『但凡百姓犯有以下罪行：偷窃、抢劫、内外作乱、杀人劫财、强横不怕死，没有人不憎恶的。』

王说：『封啊，那些罪大恶极的人，也是不孝敬不友爱的人。做儿子的不敬重地按照他父亲的要求做事，便会大大地伤害他父亲的心；做父亲的不能疼惜他的儿子，便会憎恶他的儿子。做弟弟的不顾及天伦，便不可能恭敬地对待他的兄长；做兄长的不顾及幼小弟弟的哀痛，便会对弟弟很不友爱。要是百姓到了如此地步，却不到我们执政者这儿来服罪，上天赋予我们统治百姓的大法便会大为混乱。我说：要赶快依据文王所制定的刑法，惩治他们而不要赦免。』

『不遵从国家大法的，也是由我们的官员造成的，他们另外公布政令，造谣欺骗百姓以提高自己的声望，不考虑、不执行国家的法律，危及君主。他们如此做是助长了恶人，我讨厌这些人。唉！你就应该迅速地依据法令条文，捕杀他们。』

『也有些诸侯，是统治民众的人，他们却不能教育好他们的家人以及内外官员，只是作威作福，完全丢弃王命，这些人是不能够用德教去治理的。你也不能不尊敬国家的法典，要用国家的大法教导百姓，只有你才能像文王那样心怀尊敬和畏惧，从而把民众治理好。应当告诉你：我在努力地继承文王的做法。你能够这样，我便会很高兴。』

王说：『封啊，为了引导百姓善良安定，我们应该常常想着殷商圣明的先王的德政，将安治百姓作为最终的目的。何况如今的民众，要是不加以引导，他们便不会善良；要是不加以引导，国家也不会有好的政治。』

王说：『封啊，我们不能够不去总结经验教训，我要告诉你施行德政的建议，和怎样施用刑罚。如今百姓还不安定，我们还没有安定他们的心，即使经过屡次教导，他们依然没有和我们同心，上天将要惩处我们，我们可不能有所憎恨。百姓的罪过不在于大小，也不在于多少，应当按照上述办法分别情况，妥善处理，更何况这些罪过都清楚地被上天所知晓呢？』

王说：『唉！封，要谨慎小心治理你的国家啊！不要制造憎恨，不要采用不好的计谋，也不要施行不合法的政令，否则便会隐蔽你的诚心。要勤勉地推行德政，用以安定百姓的心，要顾及你的措施是否符合德政。你要深远地思考治民之道，这样才能够使你的百姓安宁，他们也就无法找到你的过错把你推翻。』

王说：『唉！努力啊！你这个年幼的封。天命是不会永久地只保佑一家的，你要牢牢记住啊！不要断绝了对我们祖先的祭典。要明确你自己的责任和使命，要恭慎地接受我对你的教导，只有把众民治理好，我们的国家才能得到安康。』

王如此说：『去吧！封，不要丧失了恭敬之心，要常常听取我的忠告，你便能够世世代代享有对殷民的治理了。』

酒诰

王若曰：『明大命于妹邦。乃穆考文王，肇国在西土。厥诰毖庶邦庶士越少正、御事朝夕曰：祀兹酒。惟天降命，肇我民，惟元祀。天降威，我民用大乱丧德。亦罔非酒惟行，越小大邦用丧，亦罔非酒惟辜。文王诰教小子有正有事，无彝酒；越庶国，饮惟祀，德将①无醉。惟曰我民迪小子，惟土物爱，厥心臧。聪听祖考之彝训，越小大德，小子惟一。妹土，嗣尔股肱，纯其艺黍稷，奔走事厥考厥长。肇牵车牛，远服贾，用孝养厥父母。厥父母庆，自洗腆，致用酒。庶士、有正越庶伯、君子，其尔典听朕教。尔大克羞耇惟君，尔乃饮食醉饱。丕惟曰：尔克永观省，作稽中德。尔尚克羞馈祀，尔乃自介用逸。兹乃允惟王正事之臣，兹亦惟天若元德，永不忘在王家。』

王曰：『封！我西土棐[2]徂邦君御事小子，尚克用文王教，不腆于酒，故我至于今，克受殷之命。』

王曰：『封！我闻惟曰：「在昔殷先哲王迪畏天显，小民经德秉哲。自成汤咸至于帝乙，成王畏相，惟御事厥棐有恭。不敢自暇自逸，矧曰其敢崇饮？越在外服，侯甸男卫邦伯，越在内服，百僚庶尹惟亚惟服、宗工越百姓里居，罔敢湎于酒，不惟不敢，亦不暇。惟助成王德显，越尹人祗辟。我闻亦惟曰：「在今后嗣王酣身，厥命罔显，于民祗保越怨，不易，诞惟厥纵淫泆于非彝。用燕丧威仪，民罔不衋[3]伤心。惟荒腆于酒，不惟自息乃逸，厥心疾很，不克畏死。辜在商邑，越殷国灭，无罹。弗惟德馨香祀，登闻于天。诞惟民怨，庶群自酒，腥闻在上，故天降丧于殷。罔爱于殷，惟逸。天非虐，惟民自速辜。」』

王曰：『封！予不惟若兹多诰。古人有言曰：「人，无于水监，当于民监。」今惟殷坠厥命，我其可不大监，抚于时。予惟曰：「汝劼毖殷献臣，侯甸男卫，矧太史友、内史友，越献臣百宗工。矧惟尔事，服休服采，矧惟若畴，圻父薄违，农父若保，宏父定辟，矧汝，刚制于酒。」厥或诰曰：「群饮。」汝勿佚，尽执拘以归于周，予其杀。又惟殷之迪，诸臣惟工，乃湎于酒，勿庸杀之，姑惟教之。有斯明享。乃不用我教辞，惟我一人弗恤，弗蠲乃事，时同于杀。』

王曰：『封！汝典听朕毖，勿辩乃司民湎于酒。』

【注释】

①德将：以德扶持。将，扶持。

②棐：往昔。

③盡（xì）：伤痛。

【译文】

君王如此说：『我要去这殷商的旧都向你明确地颁布教令。当年，尊敬的文王在西方创造了我们周国。他曾经一天到晚地训诫各邦诸侯和各级官员说，要谨慎，只有在祭奠神灵和祖先的时候，才能够饮酒。从上天降下福命之日开始，他便教诲我们的臣民，只有举行大祭的时候才能够饮酒。后来上天降下惩处，是因为我们的臣民犯上作乱，丧失了他们应当遵守的道德。究其缘由，完全是纵酒惑乱了他们的德行；大大小小诸侯国的消亡，究其缘由，没有一个不是由于纵酒给它们带来了灾难。文王还告诫他的出任各种官职的子孙们，不许常常饮酒；同时也要求诸侯国君，只有在祭奠的时候才可以饮酒，并且饮酒时还要以德自持，不可以喝醉。文王还讲，我们的臣民要教导子孙珍惜粮食。我们要很好地吸取祖辈的遗训，弘扬各种美德，努力戒酒。殷民们，从今往后你们要尽力劳作，专心致志地种好庄稼，勤恳地侍奉你们的父兄。做完农事之后，你们才能够牵牛赶车，到外乡去做生意，用赚来钱财孝敬与赡养父母。如此，你们的父母便会很高兴，并做好丰盛的饮食供你们吃喝，此时，你们才能够饮酒。各级官员们，希望你们常常听取我的教导！只要你们可以很好地奉养长辈和国君，你们便能够饭饱酒足。要是你们可以永远检点自己，让自己的言谈举止符合我们的道德标准。你们便可以参加王室的祭典。要是你们能够长期担任王家的政务官员。这就是说你们都是为国王所信任并为国王办理各种政务的官员，你们能够按照上帝所规定的大德行事，时刻不失自己作为国王臣下的身份。』

君王说：『封啊！先前在我们西方本土的时候，诸侯国的国君及其官员们，都可以遵循文王的教导，从不嗜酒，故而我们才会有今日，才能代替殷商而承受天命。』

君王说：『封啊！我听到有人如此说过：「先前，殷商圣明的先王上畏天命，下教民众，施行德政，持身恭敬。从成汤一直持续到帝乙，那些成就王业的圣君都敬畏贤相。而那些治事之臣，辅助君王也都十分恭敬，从来不敢偷闲享乐，更何况公然纵情饮酒呢？无论是在京城之外的诸侯国君，还是在朝廷之内的各级官员，还有宗室贵族，甚至包括退休的老臣在内，没有敢沉溺于美酒之中的。他们不仅不敢如此做，也没有闲暇如此做。他们所想的，只是怎样辅佐君王成就美德，并进行显扬，让百官都敬畏君王。我又听人如此说：「近世的商王纣，整天沉溺于美酒之中，而且自以为有命在天，不知道臣民的疾苦，对臣民的怨恨无动于衷，对自己的过错不思悔改。他纵欲无度，贪图享乐，达到了不守法律的地步。因为一味追求享乐，从而失去了君王的威仪，让臣民无不为之悲伤痛心。他只顾纵酒享乐，从不想停止自己的淫逸作为。他心肠阴狠，连死亡都不害怕。他在殷商都城作恶多端，到殷国灭亡的时候，便形成了众叛亲离的局面。此时，再也没有德政清明的美誉和祭祀圣洁的消息报告上天；而上天所知晓的，只有民众的怨怼，和群臣人人纵酒所散发出来的腥气。故而，上天才给殷商降下了灭亡之灾。上天之所以不喜欢殷商，都是因为商纣王贪图享乐。殷商消亡，不是上天残暴，而是殷商臣民自招灾祸。」』

君王说：『封啊！我不仅用这些道理反复告诫你，还希望你认真考虑古人的遗教：「人不仅要以水为鉴检讨自己，还要以民为鉴检讨自己。」如今，殷商已经消亡，我们难道能够不深刻地总结经验教训吗！故而，我要你严肃地训诫殷商遗臣、诸侯国君、史官们与遗臣中的宗室贵族。还是要告诫你的政务官员，掌管游乐和祭礼的近臣，还有你的卿——掌管军事的司马、管理农事的司徒、主持刑罚的司空，还有你本人，你们都一定要强行戒酒。要是有人向你们报告说：「有人聚众纵酒。」你们不要纵容他们，而要全都逮捕起来押解到京城，我将把他们杀死。不过要是殷商的旧臣和各种工匠沉溺在酒中，可不要杀他们，而要教育他们。有了如此明确的教令之后，要是有人依然不遵循我的训诫，对我的威严不感到畏惧，不使自己的政务清明，就要把他们与聚众纵酒的人一样处理，一律杀掉。」

君王说：『封啊！你要时常听取我的告诫，不要让你的臣民沉溺在美酒中。』

梓材

王曰：『封！以厥庶民暨厥臣，达大家，以厥臣达王惟邦君。汝若恒，越曰：「我有师师①：司徒、司马、司空、尹旅。」曰：「予罔厉杀人。」亦厥君先敬劳，肆徂厥敬劳！肆往奸宄杀人历人宥，肆亦见厥君事戕败人宥。』王启监，厥乱为民。曰：『无胥戕，无胥虐，至于敬寡，至于属妇，合由以容。』王其效邦君越御事：『厥命曷以？引养引恬。自古王若兹监，罔攸辟。』

惟曰：『若稽田，既勤敷菑，惟其陈修，为厥疆畎；若作室家，既勤垣墉，惟其涂塈茨；若作梓材，既勤朴斫，惟其涂丹雘②。』

今王惟曰：『先王既勤用明德，怀为夹，庶邦享作，兄弟方来，亦既用明德。后式典集，庶邦丕享。

皇天既付中国民越厥疆土于先王，肆王惟德用，和怿先后迷民。用怿[3]先王受命。已！若兹监。』惟曰：『欲至于万年，惟王子子孙孙永保民。』

【注释】

①师师：前『师』字为众多之意，后『师』字作『长』讲，合起来指众官。

②丹雘：上等颜色，赤石脂，古代指好颜料。

③用：因。怿：通『绎』，长。

【译文】

王说：『封啊！我的政令，要从公卿下达到他们所统辖的臣民，从诸侯国君下达到他们的下属官吏，并且要时常这样做。还说：「我有许多的官员：司徒、司马、司空、大夫。」还要告诉他们说：「我不会杀害无罪人的。」你要先于国王，对他们表示恭敬和慰劳，赶快去对他们表示恭敬和慰劳吧！对于先前曾经抢夺人家货物，或者是杀害过奴隶的人要赦免；对于一些曾经刺探国君情报还有残害人的身体的罪犯，也要赦免。』国王设立了诸侯，全是为了治理臣民。王说：『不要残害他们，不要暴虐他们，对于无夫无妻的老人要尊重，对于微贱的妇人要怜惜，他们犯了罪要进行宽恕。』国王还教训诸侯国君及其官吏们说：『我的命令是什么呢？不就是希望你们好好地养活小民，使他们安于自己的处境不犯上作乱。自古君王都如此，因而在他们的统治下没有犯上作乱的事情。』

国王又说：『就像种田，既已勤劳地开垦、播种，就应该考虑整治土地，修筑田界和开挖水沟；又如建筑房屋，既然已经勤劳地筑起高墙，就应该考虑完成屋顶和涂好泥。如同制作梓木器具，既然辛勤地把木材加工成家具，那就应该涂上上等颜色，以求美观。』

如今，王说：『先前我们先王辛勤而努力地推行德政，贤臣都主动地来辅佐，许多诸侯来纳贡称臣，甚至兄弟之国也来表示臣服，也是因为努力推行德政的缘故，诸侯故而常集合在一块，众国前来进贡。上帝既然把中国的臣民和疆土交托给先王，今王也只有施行德政，教化那些殷商遗民中的顽固派才会心悦诚服地服从于我们的统治。唉！要很好地总结这种经验教训。』又说：『要使我们统治万年，就必须使王的子子孙孙永久治理好广大民众。』

召诰

成王在丰，欲宅洛邑，使召公先相宅，作《召诰》。

惟二月既望，越六日乙未，王朝步自周，则至于丰。

惟太保先周公相宅，越若来三月，惟丙午朏[1]。越三日戊申，太保朝至于洛，卜宅。厥既得卜，则经营。越三日庚戌，太保乃以庶殷攻位于洛汭。越五日甲寅，位成[2]。

若翼日乙卯，周公朝至于洛，则达观于新邑营。越三日丁巳，用牲于郊，牛二。越翼日戊午，乃社于新邑，牛一，羊一，豕一。越七日甲子，周公乃朝用书，命庶殷，侯、甸、男、邦伯。厥既命殷庶，庶殷丕作。

太保乃以庶邦冢君出取币，乃复入锡周公。曰：『拜手稽首，旅王若公。』诰告庶殷越自乃御事：

『呜呼！皇天上帝，改厥元子兹大国殷之命。惟王受命，无疆惟休，亦无疆惟恤。呜呼！曷其奈何弗敬？』

『天既遐终大邦殷之命，兹殷多先哲王在天。越厥后王后民，兹服厥。厥终[3]，智藏瘝在。夫知保抱携持厥妇子，以哀吁天，徂厥亡，出执。呜呼！天亦哀于四方民，其眷命用懋，王其疾敬德。』

『相古先民有夏，天迪从子保，面稽天若，今时既坠厥命。今相有殷，天迪格保，面稽天若，今时既坠厥命。今冲子④嗣，则无遗寿耇，曰其稽我古人之德，矧曰其有能稽谋自天。』

『呜呼！有王虽小，元子⑤哉，其丕能诚于小民。今休，王不敢后。用顾畏于民碞，王来绍上帝，自服于土中。』

『旦曰：「其作大邑，其自时配皇天，毖祀于上下，其自时中乂。王厥有成命，治民今休」』

『王先服殷御事，比介于我有周御事。节性，惟日其迈。王敬所作，不可不敬德。』

『我不可不监于有夏，亦不可不监于有殷。我不敢知曰，有夏服天命，惟有历年；我不敢知曰，不其延。惟不敬厥德，乃早坠厥命。我不敢知曰，有殷受天命，惟有历年；我不敢知曰，不其延。惟不敬厥德，乃早坠厥命。今王嗣受厥命，我亦惟兹二国命，嗣若功。』

『王乃初服。呜呼！若生子，罔不在厥初生，自贻哲命。今天其命哲，命吉凶，命历年。知今我初服，宅新邑，肆惟王其疾敬德⑥。王其德之用，祈天永命。』

『其惟王勿以小民淫用非彝，亦敢殄戮用乂民，若有功。』

『其惟王位在德元，小民乃惟刑用于天下，越王显。』

『上下勤恤，其曰：我受天命，丕若有夏历年，式勿替有殷历年。欲王以小民，受天永命。』

拜手稽首曰：『予小臣敢以王之仇民百君子越友民，保受王威命明德。王末有成命，王亦显。我非敢勤⑦，惟恭奉币，用供王能祈天永命。』

【注释】

①朏：（fěi）新月初现光明，用作阴历每月初三的代称。

②位成：位置确定了。

③厥终：即纣之末年。

④冲子：年轻人，指成王。

⑤元子：即天子。

⑥肆：今。惟：通『唯』，希望。疾：速。

⑦勤：慰劳。

【译文】

成王原本一直住在丰邑，后来想要迁居洛邑，于是派召公先去洛邑勘察宅地，史官根据这件事撰写了《召诰》。

二月十六日之后，到乙未这天，成王早早从镐京步行，到了丰邑。

太保召公在周公之前，到洛地考察可居的地址。到了下三月丙午，新月初现光辉。到了第三天戊申，太保早早到达了洛地，卜问所选的宫室宗庙地址。太保已经得了吉兆，便规划起来。到第三庚戌，太保便领着众多殷民，在洛水与黄河汇合的地方营建宗庙宫室的基地。到第五天甲寅，位置确定了。

到了次日乙卯，周公早早到达洛地，全面考察了新邑的区域。到第三天丁巳，在南郊用牲祭祀上帝，用了两头牛。到第二天戊午，又在新邑立社庙举办祭地的典礼，用了一头牛、一头羊与一头猪。到第七天甲子，周公便在早晨向殷民和各诸侯国的首领颁发了营建洛邑的命令。宣布命令以后，殷民便大举动工。

太保和众国君取出礼品，再进内献给周公。太保讲：『跪拜叩头报告我王，请让我们把向王陈述的意见陈述给你。』然后又把这些意见写成命令，发布给殷民和那些治事。

『唉！上帝终结了大国殷的大命。大王接受了治理天下的大命，幸福无穷无尽，忧虑也无穷无尽。唉！如何可以不慎重啊？』

『上帝既然已经终结大国殷的福命，这个殷国众多圣明的先王都在天上，殷商后来的君王和臣民，才可以接受天命。到了纣王的末年，明智的人隐匿了，害民的人居高位。小民都离家行役，人们痛苦到了极点。男子背着、抱着、牵着、扶着他们的妻子儿女，悲哀地呼告上天，诅咒纣王消亡，但愿脱离困境。唉！上帝哀怜四方的民众，它把爱护民众的使命故而转移给我周。王啊！希望你赶快敬重德行！』

『考察古代的夏人，上帝让那些深知天命的人开导他们，这些人努力考求天意，由于夏的后代国王不能遵从上天的意旨行事，上天便废弃了他们的大命。如今观察殷代，上帝让那些深知天命的人开导他们，这些人努力考求天意，现在也由于殷的后代的国王不能够遵从上天的意旨行事，上天便废弃了他们的大命。现在年轻的成王继承了王位，没有多余的老成可靠的人辅佐他，没有人可以考求古代先王的德政，何况说能考求天意呢？』

『啊！我们的君王即使年幼，不过他却是天子啊！他可以很好地让民众和悦。如今可喜的是：王不敢延缓营建洛邑的大事。他由于看到小民难治而心怀忧虑，故而他便去卜问上帝，希望亲自到洛邑来治理民众。』

『周公姬旦说过：「赶快营建大的新邑，从此之后，在祭天时便能以我们的先祖后稷配享；恭敬地祭祀天神和地神了，从此之后，便能够居在天下的中心治理国家。成王打定了这样的主意，治理小民便可以大获成功了。』

『如今可喜的是：王已先治理好了殷国的遗臣，让他们可以亲近我们周国治事官员，一样为国效劳。不过仍要节制、改造他们的性情，让他们天天都有所进步。王也应该重视营造新邑，以身作则，慎重地实施德政。』

『我们不可以不以夏代为鉴戒，也不可以不以殷商为鉴戒。我不敢知晓地说：夏接受上天的大命，可以经历长久；我也不敢知晓地说：夏的国运不能经历长久。我所知晓的是，由于夏不恭敬地施行德政，故而才早早地失去了他们从上天那儿所接受的大命。我不敢知道，殷商接受了上天的大命，可以经历长久；我也不道，殷商的国运不能经历长久。我所知晓的是，由于殷商不恭敬地施行德政，故而才过早地失去了他们从上天那儿所接受的大命。如今成王继承了上天赐予的大命，我们也应该思考夏商这两个国家兴亡的缘由，接受他们的教训继承他们的功绩。』

『王是刚刚开始治理政事的。啊！这如同是教养小孩，没有不是在刚开始教养他时，便自己传授给他明哲的教导的。如今上天把大命赐给了明智的人，至于降下的是吉是凶，给予的时间是长是短，这都很难预料的。君王刚刚治理政事，居住在新的都邑，如希望成王能够赶快认真地推行德政，实施德政，向上天祈求长久的福命。』

『但愿王不要让百姓放纵自己的行为而不遵循法度，也不要用杀戮的办法来治理民众，如此才会取得功绩。』

『但愿王要将施行德政放在首位，百姓才能效法实行于天下，发扬王的美德。』

『要是君臣上下时常把忧虑放在心里，才能够说：我们接受了上天的大命，会像夏代那般久远，不会只有殷商那般废弃了上天所赐予的久远的年代。我们愿君王和臣民一起接受上天所恩赐的永久大命。』

召公跪拜叩头说：『小臣我大胆地觉得殷之遗民、百官，还有友邦百姓，会忠诚接受王威严的命令，宣布王的德政。王终于定下了营建洛邑的主张，王一定会功德显赫。我不敢慰劳王，只想恭敬地奉上玉帛礼品，以供王祈求上天可以赐给永久的福命！』

洛诰

召公既相宅，周公往营成周，使来告卜，作《洛诰》。

周公拜手稽首曰：『朕复子明辟，王如弗敢及[①]天基命定命，予乃胤保大相东土，其基作民明辟。』

『予惟乙卯，朝至于洛师。我卜河朔黎水。我乃卜涧水东，瀍水西，惟洛食。我又卜瀍水东，亦惟洛食。伻[②]来，以图及献卜。』

王拜手稽首曰：『公不敢不敬天之休，来相宅，其作周匹休。公既定宅，伻来，来视予卜，休，恒吉。我二人共贞。公其以予万亿年敬天之休。拜手稽首诲言。』

周公曰：『王，肇称殷礼，祀于新邑，咸秩无文。予齐百工，伻从王于周。予惟曰庶有事。今王即命曰：「记功，宗以功作元祀。」惟命曰：「汝受命笃弼，丕视功载，乃汝其悉自教工。」』

『孺子其朋，孺子其朋，其往。无若火始焰焰[③]，厥攸灼叙[③]弗其绝厥若。彝及抚事如予，惟以在周工往新邑；伻向即有僚，明作有功，惇大成裕，汝永有辞。』

公曰：『已！汝惟冲子惟终。汝其敬识百辟享，亦识其有不享。享多仪，仪不及物，惟曰不享。惟不役志于享。凡民惟曰不享，惟事其爽侮。乃惟孺子颁，朕不暇听。』

『朕教汝于棐民，彝汝乃是不蘉④，乃时惟不永哉。笃叙乃正父，罔不若予，不敢废乃命。汝往敬哉！兹予其明农哉。彼裕我民，无远用戾。』

王若曰：『公，明保予冲子。公称丕显德，以予小子扬文武烈，奉答天命，和恒四方民，居师，惇宗将礼，称秩元祀，咸秩无文。惟公德明光于上下，勤施于四方，旁作穆穆，迓衡不迷，文武勤教。予冲子夙夜毖祀。』

王曰：『公功棐迪笃，罔不若时。』

王曰：『公，予小子其退，即辟于周，命公后。四方迪乱未定，于宗礼亦未克敉，公功，迪将其后，监我士师工，诞保文武受民，乱为四辅。』

王曰：『公定，予往已。公功肃将祗欢⑤，公无困哉。我惟无斁其康事⑥，公勿替刑，四方其世享。』

周公拜手稽首曰：『王命予来承保乃文祖受命民，越乃光烈考武王弘朕恭。孺子来相宅，其大惇典殷献民，乱为四方新辟，作周恭先。曰其自时中乂，万邦咸休，惟王有成绩。予旦以多子越御事笃前人成烈，答其师，作周孚先。考朕昭子刑，乃单文祖德。

『伻来毖殷，乃命宁予以秬鬯二卣，曰明禋，拜手稽首休享。予不敢宿，则禋于文王武王。惠笃叙，无有遘自疾⑦，万年厌于乃德，殷乃引考。王伻殷，乃承叙万年，其永观朕子怀德。』

戊辰，王在新邑烝祭，岁。文王骍牛一，武王骍牛一。王命作册逸祝册，惟告周公其后。王宾杀禋咸格，王入太室祼⑧。王命周公后，作册逸诰。在十有二月。

惟周公诞保文武受命，惟七年。

【注释】

①及：举行。

②伻（bēng 崩）：使者。

③焰焰：火苗。

④蘉（máng）：勉力。

⑤功：任务。肃：快速。将：主持政务。祇：敬。欢：通『劝』，勉。

⑥教：厌倦，懈怠。康事：学习政事。

⑦遘：遇。自：自己。疾：疾病，指麻烦事。

⑧祼（guàn）：以酒灌地而求降神之礼。

【译文】

召公探察了宗庙、宫室、朝市的地址以后，周公前往洛地营建洛邑，并派使者去镐京把成王请到这儿来，把占卜所得的吉兆报告给成王，史官依此撰写了《洛诰》。

周公跪拜叩头行礼后讲：『我把执政大权归还你。王你却谦虚地不敢举行亲政大典，我继太保召公之后考察了东都洛邑，但愿你能思考如何成为百姓的圣明君主。』

『我在乙卯这天早晨到达洛邑。我占卜了位于黄河北岸的黎水一带，又占卜了涧水以东、瀍水以西的地方，得到吉兆。又占卜了瀍水以东的地方，也得到了吉兆。现在派使者献上地图和卜兆。』

成王行跪拜叩头礼后说：『您不敢不尊重上帝所赐予的信任，来洛考察营建宫室宗庙的基地。您建成洛邑作为跟旧都相对的新都，这是一件大好事。您已经勘定了宫室宗庙的基地，派使者送来图样和卜兆让我看，福祥啊！全是吉兆。我们二人共享上帝所赐予的信任。希望您和我永远敬重上帝所赐予的信任。跪拜叩头，谢谢您的教导。』

周公说：『王啊，开始举行殷礼接见诸侯，在新邑举行祭典，都已安排得有条不紊了。我领着百官，让他们在镐京熟习仪礼之后，再跟从王前往新邑。我希望你答应我的请求和百官一起前来新邑举行祭祀文王的大事。如今王却命令道：「记下功绩，让宗人选拔那些功臣举行大祀就可以了。」王又有命令道：「您接受先王遗命，督导辅佐，您全面查阅记功的文献，那么您就尽力教导百官熟习礼仪就可以了。」

『你应该和群臣一起到新邑来啊！你应该和群臣一起到新邑来啊！不要像火刚开始燃烧时那般气势微弱，那燃烧的火苗虽小，不能让它熄灭。你要像我一般顺从常法，勤恳主持政事，领着在镐京的官员到洛邑来。让他们前往新邑就职，勉力建立功绩，优厚地对待宗族，成就宽达的政治，你便会永远获得赞誉。』

周公说：『唉！你是个年轻人，该思考完成先王未竟的大业。你应当认真考察诸侯的享礼，也要考察其中未曾贡享的诸侯。享礼看重礼节，要是礼节赶不上礼物，应当称为不享。由于诸侯对享礼不用心，臣民便会觉得不要享礼了。如此，政事将会错乱怠慢。我急想您来发布政务，我没有时间摄理这样多的政事了。』

『我教给你教化民众的法则，厚待各邦君长以及同姓的诸侯和大夫，使他们无不像我一样。不敢废弃你的命令了。你到新邑去，要认真啊！我要解除政务努力从事农业生产了。去教化好我们的臣民，远方的人故而也便归附了。』

王如今说：『公啊！努力辅佐我这年轻人。您称述前人扬伟大光荣的功德，让我继承文王、武王的大业，奉答上帝的教导，让四方民众和悦，居在洛邑，厚待宗族，礼遇诸侯，按照一定规矩大祀文王，虽然礼节繁杂，都有条不紊。您的大德可以和日月相比，光辉照耀于天地，勤劳施于四方，普遍推行美好的政事，即使遭横逆的事而不迷乱。文武百官努力实施您的教化，又以文王和武王的事迹，对我勤加教导。我这年轻人便早晚恭敬进行祭祀了。』

王说：『公擅长辅佐，我真的无不听从。』

王说：『公啊！我这年轻人便要回去，在镐京即位了，请公继续治洛。四方经过教化治理，还没有安定，宗礼也没有完成，公擅长教化扶持，要继续监督我们的各级官员，安定文王、武王从上天那里所接受的殷民。』

王说：『公留下吧！我要到镐京去了。公要妥当地进行敬重和睦殷民的工作，公不要觉得困难呀！我当不停地学习政事，公要不停地示范，四方诸侯便会受福不尽。』

周公拜首后，又稽首，说：『王命令我来到洛邑，承受安定你先祖文王所交托给我们臣民的职责，并且要宣扬你光明又威仪的先父武王的伟大，我奉行你的命令。你前来考察洛邑，十分尊重典章和殷的贤民，你为周围新分封的诸侯所做的政绩给我周朝做了表率。我曾讲过，要是能够居在这国中洛邑去治理天下，那么万国都可以治理得好，大王也便大功告成了。我姬旦与众卿大夫还有治事官员们，努力巩固先王的伟大功业，报答先王交托给我们的百姓，做我周朝讲信用的表率。如今我已继承你的法度，你也光大了先祖文王的美德。』

『你派遣使者来洛邑慰劳殷民，你又派人送来两樽黍酒来问候我，告诉我行祭祀和献享，我不敢稍有停止，马上祭祀文王和武王。你这样厚待我，不是我遇到什么疾病，不能遵从你的意旨，是我不敢承担这样的大福。我只有极力延长寿命，永久地享受你们的德泽。只要大王你让殷民可以承顺万年，他们将永远思念你的恩德。』

戊辰这天，成王在新都洛邑举行了冬祭，向先王呈报岁事。他用一头红色的牛祭祀文王，也用一头红色的牛祭祀武王。成王命令叫逸的作册官宣布祝词，而且将周公继续留守洛邑的事呈报文王和武王。成王与助祭诸侯同至太庙，于是成王进到太庙的中央之室，举行了灌地而求降神的大礼。此后成王命令周公留守洛邑，作册官逸将此事告谕天下，这件事发生于十二月。

周公留守洛邑辅佐成王完成文王和武王所授予的使命，总共七年。

多士

成周既成，迁殷顽民，周公以王命诰，作《多士》。

惟三月，周公初于新邑洛，用告商王士。

王若曰：『尔殷遗多士，弗吊旻天，大降丧于殷。我有周佑命，将天明威，致王罚，敕殷命终于帝。肆尔多士，非我小国敢弋①殷命。惟天不畀允罔固乱，弼我。我其敢求位，惟帝不畀。惟我下民秉为，惟天明畏。』

『我闻曰：「上帝引逸。」有夏不适逸，则惟帝降格，向于时夏。弗克庸帝，大淫泆有辞。惟时天罔念闻，厥惟废元命，降致罚。乃命尔先祖成汤革夏，俊民甸四方。』

『自成汤至于帝乙，罔不明德恤祀，亦惟天丕建，保乂有殷。殷王亦罔敢失帝，罔不配天其泽。在今后嗣王，诞罔显于天，矧曰其有听念。于先王勤家诞淫厥泆，罔顾于天显民祇。惟时上帝不保，降若兹大丧。』

『惟天不畀不明厥德。凡四方小大邦丧，罔非有辞于罚。』

王若曰：『尔殷多士，今惟我周王丕灵承帝事，有命曰：「割殷。」告敕于帝。惟我事不贰适，惟尔王家我适②。予其曰：「惟尔洪无度，我不尔动，自乃邑。」予亦念天即于殷大戾，肆不正。』

王曰：『猷，告尔多士，予惟时其迁居西尔。非我一人奉德不康宁，时惟天命，无违。朕不敢有后，无我怨。』

『惟尔知，惟殷先人有册有典，殷革夏命。今尔又曰：「夏迪简在王庭，有服在百僚。」予一人惟听用德，肆予敢求尔于天邑商。予惟率肆矜尔，非予罪，时惟天命。』

王曰：『多士，昔朕来自奄，予大降尔四国民命。我乃明致天罚，移尔遐逖，比事臣我宗多逊。』

王曰：『告尔殷多士，今予惟不尔杀，予惟时命有申。今朕作大邑于兹洛，予惟四方罔攸宾，亦惟尔多士攸服奔走，臣我多逊。』

『尔乃尚有尔土，尔乃尚宁干止。尔克敬，天惟畀矜尔。尔不克敬，尔不啻不有尔土，予亦致天之罚于尔躬。』

『今尔惟时宅尔邑，继尔居，尔厥有干有年于兹洛。尔小子乃兴，从尔迁。』

王曰又曰：『时予。乃或言尔攸居。』

【注释】

①弋：篡取。

②适：通『敌』，为敌之意。

【译文】

洛邑建好以后，周成王把不服从其统治的殷商旧臣全都迁移到这儿，周公以成王的名义发布诏命，对他们进行告诫，要求他们服从周的统治，史官依此写出了《多士》。

周成王元年三月，周公初到新都洛邑，用成王的命令训诫殷商旧臣。

王如此说：『你们殷商的旧臣们，纣王不尊敬上帝，上帝把灾难降给殷国。我们周国护助天命，履行上帝圣而威严的意旨，执行王者的刑罚，宣布殷国命运被上天终止。如今你们各位官员啊！不是我小小周国敢于夺取殷国的大命，因为上天不把大命交给善于说谎而又胡作非为的人，所以才辅助我周国。否则，我们怎敢擅求王位呀。上天是圣明而威严的，我们下民只有本着上帝的意旨行事。』

『我听说：「上帝对人的做法总是要引导并训诫的。」夏桀不节制自己的放纵行径，于是上帝便降下深知天命的人，劝导夏国能改恶从善。但他们不愿接受上帝的教导，大肆放纵，并且对上帝怠慢不敬。故而，上帝也不念不问，而想着废止了夏的大命，降下天罚。上帝命令你们的先祖成汤更改夏国的大命，任命杰出的人才管治四方。』

『从成汤到帝乙，无不努力地实施教化，慎重地祭祀上帝，因此上天便予以大力支持，以安治殷国，殷的王也没有敢违反天意的，因此他们都能够和上天一样给人们以恩泽。而今后继的纣王，很不明白上帝的意旨，更谈不上能顺从、思考先王治理国家的训诫了。他大肆宣淫游乐，不顺天意不顾民困，故而，上帝不会保佑他了，给殷降下如此大的灾难。

『上帝不会把大命赐给那些不努力实施德政人的。但凡四方小国或大国的消亡，没有不是由于有罪而招致灭亡惩罚的。』

王如此说：『你们殷国的众臣，如今只有我们周王擅长奉行上帝的使命，命令说：「夺取殷国。」我们征伐殷商，完成了这个命令，并报告给上帝。上帝要你们服从我的统治，不许怀有二心，但你们一定要和我王家为敌。我要说：「是你们无视法度，我们并没有先进攻你们，是你们在自己的都邑，首先发难。」我也想到天意仅仅在于夺取殷国，于是在殷乱大定以后，就不治你们的罪。』

王说：『啊！告诉你们众官员，我将要把你们迁居西方，不是我为了周国的利益而让你们不安宁，这是上帝的命令，不能违背。我不敢延缓上帝的命令，不要怨恨我啊！』

『你们晓得，殷人的祖先有书册有典籍，记录了殷国更改了夏国的大命。如今你们又说：「殷曾选用夏的遗臣留在王庭，出任各种官职为殷王服务。」我只接受、任命有德的人，所以我不敢请求你们先王的允许而任用你们。我只能以赦免你们的罪过来怜悯你们的愚昧无知，这不是我的过错，这是上帝的命令。』

王说：『殷的众臣们，先前我从奄国来，我曾对你们四个国的臣民特地下达过命令。我是履行上帝的命令讨伐你们的，把你们从远方迁到这儿，要你们顺从地为我们周国效劳。』

王说：『告诉你们殷商的众臣，如今我不忍心杀害你们，我只向你们申述这个命令。如今我在洛邑建造一座大城市，是由于四方诸侯无处朝贡，也是为了你们服务王事、奔走效劳的便利，你们要臣服我们。』

『你们仍有你们的土地，也有安定的生活。只要你们可以敬事我周国，上帝便给你们怜悯。要是你们不敬事我周国，你们不但会丧失土地，我也将会把老天的惩处加在你们身上。』『如今你们要安居于你们的城邑，持续你们的劳作，如此你们便可以在洛邑长久地生产并获丰收。从你们迁到洛邑开始，你们的后代子孙便会兴旺起来。』

王说：『归顺我！我要教导你们安于你们的新居。』

无逸

周公作《无逸》。

周公曰：『呜呼！君子所其无逸。先知稼穑之艰难，乃逸则知小人之依。相小人，厥父母勤劳稼穑，厥子乃不知稼穑之艰难乃逸。乃谚既诞，否则侮厥父母，曰：「昔之人无闻知。」』

周公曰：『呜呼！我闻曰：昔在殷王中宗，严恭寅畏，天命自度，治民祗惧，不敢荒宁，肆中宗之享国七十有五年。』

『其在高宗，时旧劳于外，爰暨小人①。作其即位，乃或亮阴，三年不言，其惟不言，言乃雍。不敢荒宁，嘉靖殷邦。至于大小，无时或怨。肆高宗之享国五十有九年。』

『其在祖甲，不义惟王，旧为小人。作其即位，爰知小人之依，能保惠于庶民，不敢侮鳏寡。肆祖甲之享国三十有三年。』

『自时厥后立王，生则逸！生则逸！不知稼穑之艰难，不闻小人之劳，惟耽乐之从。自时厥后，亦罔或克寿，或十年，或七八年，或五六年，或四三年。』

周公曰：『呜呼！厥亦惟我周太王、王季，克自抑畏。文王卑服，即康功田功。徽柔懿恭，怀保小民，惠鲜鳏寡。自朝至于日中昃，不遑暇食，用咸和万民。文王不敢盘于游田，以庶邦惟正之供。文王受命惟中身，厥享国五十年。』

周公曰：『呜呼！继自今嗣王，则其无淫于观、于逸、于游、于田，以万民惟正之供。无皇曰：「今日耽乐。」乃非民攸训，非天攸若，时人丕则有愆。无若殷王受之迷乱，酗于酒德哉。』

周公曰：『呜呼！我闻曰：古之人犹胥②训告，胥保惠，胥教诲，民无或胥诪张为幻。此厥不听，人乃训之，乃变乱先王之正刑，至于小大。民否，则厥心违怨；否，则厥口诅祝。』

周公曰：『呜呼！自殷王中宗及高宗及祖甲，及我周文王，兹四人迪哲。厥或告之曰：「小人怨汝詈汝！」则皇自敬德。厥愆，曰：「朕之愆。」允若时，不啻不敢含怒。此厥不听，人乃或诪张为幻。曰：「小人怨汝詈汝！」则信之。则若时，不永念厥辟，不宽绰厥心，乱罚无罪，杀无辜，怨有同，是丛于厥身。』

周公曰：『呜呼！嗣王其监于兹！』

【注释】

①爰：于是。暨：与，和。

②胥：相互。

【译文】

周公还政于周成王以后，担心成王贪图玩乐，荒废政事，便发表了一通诰词，训诫成王力戒逸乐，勤于政事，史官记载下这通训词，写出《无逸》。

周公训诫说：『哎呀！君子从政居官，不可贪图安逸玩乐。要事先了解种田的艰难，这样，即使是后来有机会安逸玩乐，也晓得种田人的辛苦，看看那些民众们吧，做父母的辛勤艰难地耕种与收割，他们的儿子却不晓得耕种与收割的艰难，于是便贪图安逸玩乐。久而久之，他们的行为放肆，甚至于会轻慢无礼地对父母讲：「你们这些上了年纪的人，真的是无知无识，什么也不知道。」』

周公说：『哎呀！据我所了解，过去，殷王中宗，仪态庄重，举止谨慎，性情谦敬，小心翼翼，总是以天命为准则检查自己，怀着谦敬恭慎的心情治理民众，从不敢荒废政事、贪图玩乐。故而他在位时间长达七十五年之久。』

『到了高宗，他早年做太子的时节，长期在外行役，能够和普通民众一块劳作。等到他即位做了国君，又适逢父亲逝世，须守丧三年，于是他便恭行守丧之礼，沉默不语，三年之中从不轻易谈论政事。不过就在他轻易不谈论政事的三年里，偶尔论及政事，都深得大臣们的拥护。他不敢荒废政事、贪图安逸，故而把殷国治理得很好，从民众到大臣，没有人埋怨他。故而，高宗在位达五十九年之久。』

『到了祖甲，他觉得替代兄长为王不合法度和情理，就逃往民间，当了很长时间的普通民众。等到即位做了国君，便很了解民众的疾苦，故而可以爱护民众，甚至于连那些鳏寡孤独无依无靠的人，他也不敢轻慢。故而，祖甲在位也有三十三年之久。』

『不过从这之后的国王贪图安逸玩乐的风气便形成了。君王贪图安逸玩乐的风气形成之后，君王们便再也不了解农事的艰难，不知道种田人的疾苦，只是一味地追求、沉湎于安逸玩乐的生活。从此之后，国君再也没有长寿的，他们在位的时间，有的十年，有的八年，有的五六年，有的仅仅三四年。』

周公说：『哎呀！我们大周的太王、王季，一样可以谦恭谨慎，敬畏天命。文王也曾从事插秧劳作，既垦过荒又种过田。他心地善良，待人仁慈，德行完美，关心民众，尤其爱护孤独无依的人。每日辛勤处理政事，从早晨忙到中午，又从中午到下午，忙得无暇吃饭，为的是国家安定，万民和谐。文王从来不敢使用各个邦国进贡的贡赋供自己游猎玩乐。文王中年接受天命即位为君，在位长达五十年之久。』

周公说：『哎呀！从今之后，作为继位的君王，你切不可把天下民众进献的贡赋用于穷奢极欲的玩乐，比如观赏歌舞，嬉戏游乐和外出找猎。偶有闲暇，切不可自我宽慰说：「今日能够痛痛快快地享受享受了。」如此做法，既无法教化民众，又违反上天旨意。而如此做的人，也即是犯下罪过的人。故而，切不要像殷王纣那般迷惑昏乱，把酗酒当作美德啊！』

周公说：『哎呀！我听到过如此的说法：古代的人，还相互劝告，相互扶持，相互教诲，民众之间没有相互欺瞒，相互诈骗的。古人的这种风范，要是不去效法和遵循，人们便会由着自己的欲念各行其是，甚至会打乱先王的教政，更改先王法令，使得下自小民上至大臣，人人都敢胡作非为。如此，民众便无所适从，他们心中便会产生怨恨情绪，故而就会更加无所适从，口中便要说出诅咒的话语。』

周公说：『哎呀！从殷王中宗到高宗，到祖甲，一直到我们大周的文王，这四个人都是通达明智的圣王。在他们并没有什么过失时，要是有人告诉他们说：「民众在怨恨你，咒骂你。」他们听了便会更加谨慎地按照规矩办事。要是他们真的犯了什么过错，他们便会说：「这是我的过失。」他们确实是如此做的。他们听见那些话，不但不敢心怀怨怒，还想常常听到那样的话，以便察知自己的政事治理得怎样。要是不听这些话，人们便会相互欺瞒、相互诈骗，只要有人告诉你说：「民众在怨恨你，咒骂你！」你应当认真考虑这些话。可是，如果你却这样执政：不把法度放在心里，不开阔自己的胸怀，乱罚无过之人，滥杀无罪之人，从而导致民心同怨，人们便会把愤怒集中在你的身上。」

周公说：「哎呀！作为继位之王，你一定要以此为借鉴啊！」

君奭

召公为保，周为公师，相成王为左右。召公不说，周公作《君奭》。

周公若曰：「君奭，弗吊[1]，天降丧于殷，殷既坠厥命。我有周既受，我不敢知曰厥基永孚于休。若无棐忱，我亦不敢知曰其终出于不祥。

「呜呼！君已曰时我。我亦不敢宁于上帝命，弗永远念天威。越我民罔尤违，惟人。」

「在我后嗣子孙，大弗克恭上下，遏佚前人光在家，不知天命不易。天难谌[2]，乃其坠命，弗克经历，嗣前人恭明德。」

「在今予小子旦非克有正，迪惟前人光，施于我冲子。」

又曰：「天不可信，我道惟宁王德延，天不庸释于文王受命。」

公曰：「君奭，我闻在昔成汤既受命，时则有若伊尹，格于皇天。在太甲时，则有若保衡。在太戊时，则有若伊陟、臣扈，格于上帝。巫咸乂王家。在祖乙时，则有若巫贤，在武丁时，则有若甘盘。率惟兹有陈保乂有殷，故殷礼陟配天，多历年所。」

『天惟纯佑命则，商实百姓王人，罔不秉德明恤。小臣屏侯甸，矧咸奔走。』

『惟兹惟德称，用乂厥辟。故一人有事于四方[3]，若卜筮，罔不是孚。』

公曰：『君奭，天寿平格，保乂有殷，有殷嗣天灭威。今汝永念，则有固命，厥乱明我新造邦[4]。』

公曰：『君奭！在昔上帝割申劝宁王之德，其集大命于厥躬？惟文王尚克修和我有夏。亦惟有若虢叔，有若闳夭，有若散宜生，有若泰颠，有若南宫括。』

又曰：『无能往来，兹迪彝教，文王蔑德降于国人。亦惟纯佑秉德，迪知天威，乃惟时昭文王迪见冒，闻于上帝，惟时受有殷命。』

『哉武王，惟兹四人尚迪有禄。后暨武王诞将天威，咸刘厥敌。惟兹四人昭武王惟冒，丕单称德。』

『今在予小子旦若游大川，予往暨汝奭其济。小子同未在位，诞无我责！收[5]，罔勖不及。耇造德不降，我则鸣鸟[6]不闻，矧曰其有能格！』

公曰：『呜呼！君，肆其监于兹，我受命无疆惟休，亦大惟艰。告君乃猷裕我，不以后人迷。』

公曰：『前人敷乃心，乃悉命汝，作汝民极。曰：『汝明勖偶王[7]，在亶，乘兹大命，惟文王德丕承，无疆之恤。』』

公曰：『君，告汝，朕允保奭。其汝克敬以予，监于殷丧大否，肆念我天威。予不允，惟若兹诰？予惟曰：「襄我二人，汝有合哉。」言曰：「在时二人，天休滋至，惟时二人弗戡」。其汝克敬德，明我俊民，在让后人于丕时。』

『呜呼！笃棐时二人，我式克至于今日休，我咸成文王功于不怠，丕冒海隅出日，罔不率俾。』

公曰：『君，予不惠若兹多诰，予惟用闵于天越民。』

公曰：『呜呼！君，惟乃知，民德亦罔不能厥初，惟其终。祗若兹，往敬用治。』

【注释】

①弗吊：不善，谓商纣王。吊，善、淑。

②谌：诚信。

③一人有事于四方：指天子号召四方诸侯。一人，指天子、君王。

④厥：发语词。乱：治。新造邦：即刚刚建立的西周王朝。

⑤诞：语首助词。收：尚。

⑥鸣鸟：指凤凰的鸣叫。

⑦明勖：是努力的意思。偶：合，这里指合力辅助成王。

【译文】

召公担任成王太保，周公担任太师，一起辅助成王，成为成王左右的辅弼之臣。召公对政情不满而不舒服，周公向他讲了自己的想法，史官依此做了这篇《君奭》。

周公如此说：『奭啊！因为商纣王做了很多坏事，故而上天给殷国降下了灭亡的大祸，殷国已经失去了上天赐予的大命。我们周国已经接受了这个大命，但我不敢明确地说，我们的事业可以永远地沿着美好的前程发展下去。虽然上天会辅助诚信的人，但是我还是不敢明确地说，我们的事业能否长久。』

『啊！你过去说我能够担起治理周国的重担。不过我却不敢安于上帝的大命，而不去永久地顾念上天的威严。我们的民众是不会产生怨恨的情绪的，一切都在人为啊！』

『或许我们后继的子孙，不能很好地敬重上天治理人民，丢弃了周室前人的光辉，不晓得天命得之不易。天命是难于相信的，如果不能继承前人的光辉，恭敬地奉行明德，便会失去上天赐予的大命。』

『我并不能做他人的表率，我只以前人的光荣传统，来开导我们幼小的国君。』

周公又说：『上天是不能够信赖的，我们只有将文王的美德进行推广使之长久地保持下去，上天才不会丢弃文王所接受的大命。』

周公说：『君奭！我听说以前成汤接受上帝赐予的大命，那时便有个伊尹辅助成汤，使成汤得以升配于天。在太甲的时候，便有个保衡。在太戊的时候，便有伊陟、臣扈分别辅助，使他们得以升配于上帝。在祖乙的时候，便有个巫贤。在武丁的时候，有个甘盘。或许都是由于这些有道的贤臣，安定治理殷国，才让殷王朝诸王死后享受配天的祭奠，殷朝的统治，才经历了许多年代。』

『上帝保佑大命，商国的百官和同姓贵族没有不坚守正道、努力谨慎为殷王服务的。更何况那些朝廷官员和各国诸侯，都往来奔走效命。』

『正由于这些贵族群臣根据德行获得推举，以辅助他们的君王治理国家，故而一旦君王差役四方诸侯时，四方诸侯没有不信任的，就如同信任占卜算卦一般。』

周公说：『奭啊！上天长期以来，使那些能够深知天命的人，安治殷国，而殷国的纣王继位后灭弃了上天的威严，上帝消灭了殷国的大命。如今你要是永远记住这些历史教训，我们便能固守上帝所赐予的大命，治理并辉煌我们这个新建立的国家。』

周公说：『奭啊！以前上帝为何一再嘉奖文王的品德，降下大命在他身上呢？由于文王经常可以把治理的重任放在身上，也由于文王有虢叔、闳夭、散宜生、泰颠、南宫括这些贤臣。』

『又说：如果没有这些贤臣奔走效劳，努力宣传教化，文王也便没有恩德降给国人了。也由于这些贤臣保持美德，明了上天的威严，辅佐文王治道光显，进而被上帝了解了，故而，文王才承受了殷国的大命啊。』

『在武王的时期，这四人仍然保持他们的禄位。后来，他们和武王履行上天的惩处征伐殷国，消灭他们的敌人。也由于这四人辅佐武王很努力，天下普遍赞叹武王的恩德。』

『如今我姬旦如同游于大河，我和你一块前往谋求渡过。我们年幼的国王，虽在王位，但幼稚无知，我们能够不担起自己的责任吗？努力做去犹恐不及，如果我们这些年长有德的人不能和睦团结，那么我就不会听到凤凰鸣声了，何况说能够了解天命呢！』

周公说：『啊！奭啊，你现在应该看到这一点，我们从上天那里接受大命，虽然是无限美好，但也有很大的艰难。希望你的胸怀要宽阔，我不是为了后代子孙的缘故而迷恋禄位啊！』

周公说：『武王曾表明他的心迹，详细地告诉了你，要做民众的表率。武王说：你努力辅佐成王，要开诚布公，担当这样的大命，必须把能否继承文王的光荣传统当作长久的考虑。』

周公说：『奭！告诉你，我所深信的太保。但愿你能警醒地和我一同看见殷国灭亡的大祸，长久让我们不忘上天的惩处。我不只如此告请，我还想道：「除了我们二人，你有志同道合的人吗？」你会说：「正是有我们这两个人在，上天恩赐的美好越来越多，这样的事情越来越多，我们二人是承受不了的。」但愿你可以敬重贤德，选拔杰出的人才，使后人很好地继承前人的光荣传统。』

『啊！正是因为我二人性情笃厚，合力辅佐国王，才使我们的事业达到今天这样美好的境地，才使我们完全成就文王的大功而不懈弛，才使四海之内，凡太阳所能照到的地方，无不服从法度。』

周公说：『奭，我很不聪明，说了这许多话，我的这些话，无非是忧虑天命和民心的不易保持。』

周公说：『啊！奭！你晓得民众的行为，办事开始时没有不善始的，但到结尾往往就办不好了！我们要依据这些教训，往后以恭谨的态度来治理国家！』

多方

成王归自奄，在宗周，诰庶邦，作《多方》。

惟五月丁亥，王来自奄，至于宗周。

周公曰：『王若曰：猷！告尔四国多方惟尔殷侯尹民，我惟大降尔命，尔罔不知。洪惟图天之命，弗永寅念于祀。惟帝降格于夏，有夏诞厥逸，不肯戚言于民，乃大淫昏，不克终日劝于帝之迪，乃尔攸闻。厥图帝之命，不克开于民之丽，乃大降罚，崇乱有夏，因甲于内乱，不克灵承于旅，罔丕惟进之恭，洪舒①于民。亦惟有夏之民叨懫日钦，劓割夏邑。天惟时求民主，乃大降显休命于成汤，刑殄有夏。』

『惟天不畀纯，乃惟以尔多方之义民，不克永于多享惟夏之恭，多士大不克明保享于民，乃胥惟虐于民；至于百为，大不克开。乃惟成汤克以尔多方简，代夏作民主。』

『慎厥丽②，乃劝。厥民刑，用劝。以至于帝乙，罔不明德慎罚，亦克用劝。要囚，殄戮多罪，亦克用劝。开释无辜，亦克用劝。』

『今至于尔辟，弗克以尔多方享天之命。呜呼！』

王若曰：『诰告③尔多方，非天庸释有夏，非天庸释有殷，乃惟尔辟以尔多方，大淫图天之命，屑有辞。乃惟有夏图厥政，不集于享，天降时丧，有邦间之。乃惟尔商后王逸厥逸，图厥政，不蠲烝，天惟降时丧。』

『惟圣罔念作狂，惟狂克念作圣。天惟五年须暇之子孙，诞作民主，罔可念听。天惟求尔多方，大动以威，开厥顾天。惟尔多方罔堪顾之。惟我周王灵承于旅，克堪用德，惟典神天。天惟式教我用休，简畀殷命，尹尔多方。』

『今我曷敢多诰，我惟大降尔四国民命。尔曷不忱裕之于尔多方？尔曷不夹介乂我周王，享天之命？今尔尚宅尔宅，畋尔田，尔曷不惠王熙天之命？』

『尔乃迪屡不静，尔心未爱。尔乃不大宅天命，尔乃屑播天命。尔乃自作不典，图忱于正。我惟时其教告之，我惟时其战要囚之，至于再至于三。乃有不用我降尔命，我乃其大罚殛之④。非我有周秉德不康宁，乃惟尔自速辜。』

王曰：『呜呼！猷，告尔有方多士暨殷多士，今尔奔走，臣我监五祀。越惟有胥伯小大多正⑤，尔罔不克臬。』

『自作不和，尔惟和哉；尔室不睦，尔惟和哉。尔邑克明，尔惟克勤乃事；尔尚不忌于凶德，亦则以穆穆在乃位。克阅于乃邑谋介。』

『尔乃自时洛邑，尚永力畋尔田，天惟畀矜尔，我有周惟其大介赉尔，迪简在王庭，尚尔事，有服在大僚。』

王曰：『呜呼！多士，尔不克劝忱我命，尔亦则惟不克享，凡民惟曰不享。尔乃惟逸惟颇，大远王命，则惟尔多方探天之威，我则致天之罚，离逖⑥尔土。』

王曰：『我不惟多诰，我惟祗告尔命。』

又曰：『时惟尔初，不克敬于和，则无我怨。』

【注释】

①舒：当作『荼』，指毒害。

②丽：通『罹』，遭逢。

③诰告：告诉。

④殛：惩罚。

⑤胥：徭役。伯：赋税。正：正常的标准。

⑥逖：远。

【译文】

成王从奄回到都城镐京，周公替他发布了一道诏命来告诫各邦国君。史官依此撰写了《多方》。

五月丁亥这天，成王从奄地归来，抵达镐京。

周公说：『成王如此说：啊！告诉你们四国和各诸侯国还有各位长官，我要对你们公布重大命令，希望你们都要很好地了解命令的内容和精神。夏国闭塞了上天的命令，常常不恭敬地对待祭祀，虽然上帝给夏降下了深知天命的人，但是夏桀放肆淫乐，不愿抚慰民众，一天也不能遵从上天的教导，这都是你们所听说过的。他闭塞了上帝的命令，不能把老百姓从灾难的罗网中解脱出来，上天便大大地降下了惩罚来祸乱夏国，这是因为当政者习于在国内为非作歹，又不听从上帝的开导，只知残暴地搜刮民财，荼毒百姓。

也因为他们无不贪财残忍，甚至竞相效尤，残害首都的老百姓。由于这些原因，上天便为老百姓寻求好的国王，于是便降下了光荣而美好的大命给成汤，成汤遂灭掉夏国。』

『上天不把大福赐给他们，这是因为他们四方诸侯的大臣，不努力为百姓造福，却只知残暴地对待臣民；甚至作恶多端，无所不为，不解除百姓的痛苦，因此他们之中虽然有些还是贤臣也都和那些佞臣一样失去夏国的禄位。于是只有成汤受到四方诸侯的推举，替代夏桀作了民众的君主』

『成汤慎重地施行刑法，劝导人走上正路。他惩处罪人，也是为了他们走上正道。从成汤到帝乙，没有人不宣布德教，慎施刑罚，也全是为了勉励人们走正道。仔细地考察犯人的狱词，杀掉或严厉惩罚那些作恶多端的人，是为了对臣民的劝勉和警诫。开脱释放那些无罪的人，也是为了鼓励臣民走上正道。』

『如今到了你们的君王纣时，不能同你们各诸侯君主共享上天的大命，真的是可悲呀！』

王如此说：『告诉你们各位邦君，并不是上天要舍弃夏国，也不是上天要舍弃殷国，只是你们夏、殷的君王与你们各国诸侯过度放肆，又闭塞了上天的命令，还振振有词地为自己的罪行辩护。所以上天舍弃你们。由于夏国政治黑暗，又不很好地祭祀上天，所以上天才降下这样的大祸，并让殷国代替夏国。也因为你们商的后王纵情享受，政治黑暗闭塞，祭祀的供品很不清洁，所以上天才降下这样的大灾给你们。』

『虽然本来是贤明的人，但如果不把上天的意旨常常放在心上，就可能变成狂悖而不通事理的人；虽然本来是愚昧无知的人，但如果能把上天的意旨常常放在心上，就可能变成圣明的人。上帝等待商的子孙悔改，宽限五年时间，让他继续做国王，但他们仍然不考虑，不顺从上天的意旨。上帝只能显示出他的威严，启发你们众国顾念天意，但是你们众国也没有人顾念它。只有我们周王秉承上帝的旨意，广布德教，以得教主持上天所赐予的大命。因此，上天经过选择，把原来给殷的那美好的大命转过来赐给我们，让我们管理众国诸侯。』

『如今我说这些告诫的话。我只是传达一个命令给你们各国臣民。你们为何不劝导各国臣民？你们为何不大助我周王共享天命呢？如今你们还居住你们原来的住宅，整治你们原来的田地，你们为何不顺从周王宣扬的上帝的大命呢？』

『你们不听教导，屡次发动暴乱，你们内心那么不顺从，居然不考虑天命，完全不顾天命，你们自己不遵守法度，反而投机取巧，妄图取信于我们的执政者。我因此用文告教导你们，我因此征讨你们，囚禁你们，一而再，再而三。要是还有人不服从我公布给你们的命令，那么我便要重重惩罚你们。这并不是我们周国不按德教的原则给你们以和平安宁的生活，只是你们咎由自取。』

王说：『啊！告诉你们各国官员与殷国的官员们，如今你们奔走效劳臣服我周国已经五年了，对于所有的力役赋税与大大小小的政事，你们没有不遵从法规的。』

『如果你们之间不和睦，那你们应该和好起来；如果你们的家庭不和睦，那你们的家庭也应该和好起来。如果你们能够勤于职守，做臣民的表率，那么，你们邑内的臣民也就会勤勉地做事；如果你们不打坏主意，那么，你们就能够和睦而恭敬地在你们的位置上相安无事。这样，你们一邑的人就都能够和睦愉快地相处。』

『你们要是乐于服从我们周国，能够永远努力种你们的田地，老天会可怜你们，我们周国也会大大地奖赏你们，把你们引进选拔到朝廷来。或能努力做好你们的职事，还让你们出任重要官职。』

王说：『唉！官员们，要是你们不能努力听信我的命令，你们也便没有资格贡享上帝，民众也就没有资格贡享上帝了。你们要是放荡邪恶，大大地违抗天命，那便是你们各国妄图试探上天的威严，我便要施行上天的惩罚，让你们永远离开你们的故土。』

王说：『我不想多说了，我只是郑重地把天命告诉你们。』

王又说：『好好地谋划你们的未来吧！如果你们不能遵守天命，和睦相处，我便要施行惩罚，你们便不要怨我了。』

立政

周公作《立政》

周公若曰：『拜手稽首，告嗣天子王矣。』用咸戒于王，曰：『王左右常伯、常任、准人、缀衣、虎贲。』

周公曰：『呜呼！休兹知恤，鲜哉！古之人迪惟有夏，乃有室大竞，吁俊，尊上帝迪，知忱恂于九德之行。乃敢告厥后曰，拜手稽首后矣，曰：宅乃事，宅乃牧，宅乃准，兹惟后矣。谋面用丕训德，则乃宅人①，兹乃三宅无义民。』

『桀德，惟乃弗作往任，是惟暴德，罔后。』

『亦越成汤陟，丕釐上帝之耿命。乃用三有宅，克即宅，曰三有俊，克即俊。严惟丕式，克用三宅三俊。其在商邑，用协于厥邑；其在四方，用丕式②见德。』

『呜呼！其在受德。暋惟羞刑暴德之人，同于厥邦；乃惟庶习逸德之人，同于厥政。帝钦罚之，乃伻我有夏式商受命，奄甸万姓。』

『亦越文王武王克知三有宅心，灼见三有俊心。以敬事上帝，立民长伯。立政：任人、准夫、牧，作三事。虎贲、缀衣、趣马小尹、左右携仆，百司庶府。大都小伯、艺人、表臣百司、太史、尹伯，庶常吉士。司徒、司马、司空，亚旅③。夷微卢烝。三亳阪尹。』

『文王惟克厥宅心，乃克立兹常事司牧人，以克俊有德。文王罔攸兼于庶言。庶狱庶慎，惟有司之牧夫是训用违。庶狱庶慎，文王罔敢知于兹。亦越武王率惟敉功，不敢替厥义德，率惟谋从容德，以并受此丕丕基。』

『呜呼！孺子王矣，继自今我其立政。立事、准人、牧夫。我其克灼知厥若，丕乃俾乱，相我受民，和我庶狱庶慎。时则勿有间之，自一话一言。我则末惟成德之彦，以乂我受民。』

『呜呼！予旦已受人之徽言，咸告孺子王矣！继自今文子文孙，其勿误于庶狱庶慎，惟正是乂之。』

『自古商人，亦越我周文王立政、立事、牧夫、准人。则克宅之，克由绎之，兹乃俾乂。国则罔有立政。用憸人，不训于德，是罔显在厥世，继自今立政，其勿以憸人，其惟吉士，用劢相我国家④。今文子文孙，孺子王矣。其勿误于庶狱，惟有司之牧夫。其克诘尔戎兵，以陟禹之迹，方行天下，至于海表，罔有不服。以觐文王之耿光，以扬武王之大烈。呜呼！继自今后王立政，其惟克用常人。』

周公若曰：『太史、司寇苏公，式敬尔由狱，以长我王国。兹式有慎，以列用中罚。』

【注释】

①宅：这里是考察的意思。

②丕式：大法。

③亚旅：次于三公的众卿。

④劢（mài）：勉力。相：帮助。

【译文】

本篇为周公对成王的诰词，阐述设官为政的准则，史官据此撰写《立政》。

周公如此说：『接受我的礼拜，告诉你——继承大位的天子，你现在已经正式担任国王了。』周公代表群臣们告诫成王说：『王左右大臣有常伯、常任、准人、缀衣、虎贲。』

周公说：『唉！在美好环境中而可以晓得忧虑的人，很少啊！古人传说，在夏朝的时候，诸侯竞相招徕贤人，按照上帝的教导行事，经过考察他们的作为，相信他们能够按照一定的道德标准行事。才敢向他们的国王说，王啊，请接受我们的礼拜吧！据说，官员们各司其职，负责政务的能够认真考虑政务搞得好坏；负责管理的能够认真地考虑臣民是否能够安居乐业；负责司法的能够认真考虑执法是否公平合理，由于他们名副其实地做好工作，因此他们得到了国王的信任。假如不是这样，不根据德行而是根据个人的喜好去用人，那么就不会得到贤能的人做你的官员了。』

『夏桀即位之后，他不用昔日任用官员的准则，只用些残暴的人，因此国家覆亡。』

『到了成汤登上帝位，大地得到福运。于是成汤便从政务、理民、执法三个方面考核官吏的成绩，结果证明官吏们都能忠于职守；又从这三个方面提拔人才，获得了有信用的贤人，真正有德才而不徒虚名。这样殷商便从这三方面严格地依据标准选用贤人，那些被选在商邑供职的都可以很好地对待邑中的臣民。那些被选在四方供职的也都可以依据大法办事，从而表现出他们的固有的德行。』

『唉，到了商纣登上帝位，强横地选用了只知用刑的暴虐之人，以致国家上下效尤。他任命许多受宠和放荡失德的人一起治理政事，所有地方政治都搞得一样混乱。上帝重重地惩处他，便让我们周王代替商纣王接受上天的大命，安抚治理天下万民。』

『乃至到了文王和武王，他们都能够知道从这三方面来考核并了解官员们的心地，对他们的心地看得非常清楚。任用他们做臣民的长官，以恭敬地按照上帝的意旨行事。他们设立了以下的官职：任人、准人、牧夫，负责政务、法律、管理臣民三方面的事情。此处还设立了保卫国君的卫官，为国王管理衣服的官，养马的官，以及国王的左右携仆和其他官员。』

『由于文王能够十分注意考核官员们的心地，所以能够正确任用贤人负责政务、法律、管理臣民等方面的事情，把那些有德的贤人选拔出来，加以任用。文王不代替他的官员发布命令。对于处置监狱的事情，管理臣民的事情，都是根据有关方面的负责人——准夫和牧夫的意见而决定的，文王是不敢进行不适当的干预的。到了武王，他成就了文王的功业，不敢丢弃文王所立下的选拔人才的法度，不敢放弃文王的善德，谋求听从文王宽容的美德，君臣一起接受了这一伟大的王业。』

『唉！孺子呀，你如今已经是君王了。从今之后，我们要按照前人的传统来设立长官，设立事、准人、牧夫等。我们要清楚他们的擅长优势，才能让他们处理政事，管理好百姓，平治各种狱讼和各种臣民的事情。这些事务我们不可包办代替，就算一言一语的命令也不要代为公布。我们应当始终如一地发挥这些贤士的作用，来治理我们的民众。』

『唉！我姬旦把前人的美言，都告诉了年轻的成王了。从今之后，继承的贤子贤孙，谁也不可以干涉各种狱讼和各种臣民的事情，这些事一定要依靠各主管官长去治理。』

『从古时殷商先王到我们的周文王都是这样设立官长的，设立事、牧夫、准人。在考虑这些官长的人选时，首先考虑他们的功德，其次考虑他们的心地，确定他们是贤明的人，才让他们管理政事。要是不这样设立官员，而任命贪利奸佞的人，他们不按照正确的原则办事，这样他们的德教便无法在他们的社会里推行了。从今之后设立官员，可不要任命贪利奸佞的小人，要任命善良贤能的人，治理我们的国家。如今，贤明的子孙年轻的成王呀。您不要干涉司法方面的事，应让主管司法的牧夫办理。您要责问并管理好军队，步着大禹的足迹，使你的威力遍于天下直至海外，使普天之下无不臣服。以此显扬文王的光辉圣德，光大武王的大业。哎呀！从今之后，继位君王设立官员一定要任用贤人。』

周公如此说：『太史！周武王的司寇苏公呀，按规定处理司法大事，让我们王国长治久安。要非常谨慎地依法行事，遵从常例，使用适中的刑罚。』

周官

成王……既黜殷命，灭淮夷，归在丰，作《周官》。

惟周王抚万邦，巡侯、甸，四征弗庭，绥厥兆民，六服群辟[1]，罔不承德。归于宗周，董正治官。

王曰：『若昔大猷，制治于未乱，保邦于未危。』

曰：『唐虞稽古，建官惟百，内有百揆四岳，外有州、牧、侯伯。庶政惟和，万国咸宁。夏商官倍，亦克用乂。明王立政，不惟其官，惟其人。』

『今予小子，祗勤于德，夙夜不逮。仰惟前代时若，训迪厥官。立太师、太傅、太保，兹惟三公。论道经邦，燮理阴阳。官不必备，惟其人。少师、少傅、少保，曰三孤。贰公弘化，寅亮天地，弼予一人。冢宰掌邦治，统百官，均四海。司徒掌邦教，敷五典，扰兆民。宗伯掌邦礼，治神人，和上下。司马掌邦政，统六师，平邦国。司寇掌邦禁，诘奸慝，刑暴乱。司空掌邦土，居四民，时地利。六卿分职，各率其属，以倡九牧，阜成兆民②。』

『六年，五服一朝。又六年，王乃时巡，考制度于四岳。诸侯各朝于方岳，大明黜陟。』

王曰：『呜呼！凡我有官君子，钦乃攸司，慎乃出令。令出惟行，弗惟反。以公灭私，民其允怀。学古入官，议事以制，政乃不迷。其尔典常作之师，无以利口乱厥官。蓄疑败谋，怠忽荒政。不学墙面，莅事惟烦。』

『戒尔卿士，功崇惟志，业广惟勤。惟克果断，乃罔后艰。位不期骄，禄不期侈。恭俭惟德，无载尔伪。作德，心逸日休；作伪，心劳日拙。居宠思危，罔不惟畏，弗畏入畏。推贤让能，庶官乃和，不和政庞。举能其官，惟尔之能；称匪其人，惟尔不任。』

王曰：『呜呼！三事暨大夫，敬尔有官，乱尔有政，以佑乃辟。永康兆民，万邦惟无斁③。』

【注释】

①六服：即侯服、甸服、男服、采服、卫服、畿内。辟：这里指诸侯国君。

②阜：富足厚。成：安定。

③斁：厌弃。

【译文】

周成王在废黜殷商的国运，灭亡淮夷之后，回到王都，发布了周国的官制诏令。史官记载下的诰词，写出《周官》。

周成王即位并拥有万邦之后，出行巡视各个诸侯国，四面讨伐不来朝见的诸侯，安抚并治理天下民众。从此，六服诸侯就再没有人不奉承周天子的德政了。成王就回到王都，督导治事官员，严肃政纪。

君王说：『我们应当遵从昔日君王的治国之道，在国家还没出现动乱的时候，便制定政教大法；在国家还没出现危机的时候，便设法把国家安定下来。』

君王说：『考察远古唐尧虞舜时代，借鉴古时典章制度，设立了上百个官职。朝廷之内设有总理百官的百揆统率四方诸侯，朝廷之外设有各州的行政长官以及侯伯之类的诸侯。从此，国家各种政事都和谐了，万国民众都安宁了。到了夏、商两朝，官职只是增加了一倍，也能够把国家治理好。圣明的君王设官理政，不看重官员的多少，而看重被任命的人能否胜任其职。』

『现在，我恭敬勤勉地推行德政，即使起早晚睡，依然赶不上古人。这里，我要延续前代设官理政的传统，教育开导这些官吏。设立太师、太傅、太保，这是三公。他们负责阐明治国的大道，提出治国的谋略，具备调理天地化育的能力。三公之官一时不一定配置齐备，关键的是要用人得当，还要设立少师、少傅、少保三个官职，这叫作三孤。三孤的责任是协助三公弘扬大道，化育万民，敬奉天地，常助我治理天下。还要设立六卿：大宰总理国政，统治百官平衡四海，安定天下；司徒掌管国家教育，公布五典之教，安抚亿万民众和睦相处；宗伯掌管国家礼仪，处理天神祭祀与人间礼俗，调和尊卑贵贱关系；司马掌管国家军事，统率王家六军，平治各国诸侯；司寇掌管国家禁令，查究奸邪，惩处强横不法的歹徒；司空掌管国家土地，安置士、农、工、商，善用地利，各尽其能。上面六卿分掌职权，各自统领他们的部属，从而在九州之内倡明政教，使亿万民众富足安宁。』

『朝见制度是：每隔六年，五服诸侯来京师朝见天子一次。再过六年，天子出行巡察天下一次，依照春、夏、秋、冬四季的时序依次视察东岳、南岳、西岳、北岳，在四岳考察制度礼法的施行情形。此时，四方诸侯分别会聚到各自所在一方的大岳来朝见天子，天子则依据他们的政绩，对他们庄严地实施或升职或降级的赏罚。』

君王说：『哎呀！但凡我们周国身居官位的大小官员，都要谨慎地对待各自主持的政务，发号施令应该慎重。而号令一出，则一定要执行，不得违抗。要出以公心，消灭私欲，如果能这样，民众就会真诚地前来归附。要先学习古训，尔后再进入仕途，如此才能依据古代典章制度治理政事，让政务不致陷入迷途。你们要师法旧典常法，不要以能言善辩扰乱公务。许多问题犹豫不决一定会败坏宏图大略，懈怠轻忽一定会荒废国事朝政；人不学习便像终日面对墙壁而无所见闻，处理政务就会杂乱。』

『告诫你们各位执政的卿士：功高在于立志，业广在于勤恳；只有擅长果敢决断，才可以免除以后的艰难。位尊不应该骄傲，禄厚不应该奢侈。恭敬勤俭才是美德。为人不能行诈作伪。做善事，声誉将日趋美好。行欺诈，就算心机用尽也只会一天比一天显得愚笨。处在尊宠的位置上，要想到危险，没有一件事不应当警惧，就不会陷于可怕的境地；相反，由于不知道警戒，最终陷入可怕的境地。只有推重贤人、谦让能者，百官才会和谐相处。而百官不和，政事一定陷入混乱。选拔官员并使之各称其职，是你们卓有才能的表现；相反，提拔的官员都不称其职，说明你们也不能胜任自己的职位。」

君王说：「哎呀！公卿大夫们，守好你们的职责，治理你们的政务，以辅助你们的君王。只有让亿万民众永远安康，天下万国才不会厌弃我们周国。」

君陈

周公既没，命君陈分正东郊成周，作《君陈》。

王若曰：「君陈，惟尔令德孝恭。惟孝友于兄弟，克施[1]有政。命汝尹兹东郊，敬哉！昔周公师保万民，民怀其德。往慎乃司兹率厥常，懋昭周公之训，惟民其乂。」

「我闻曰：'至治馨香，感于神明。黍稷非馨，明德惟馨尔。'尚式时周公之猷训，惟日孜孜，无敢逸豫。凡人未见圣，若不克见；既见圣，亦不克由圣。尔其戒哉！尔惟风，下民惟草。图厥政，莫或不艰。有废有兴，出入自尔师虞[2]，庶言同则绎。尔有嘉谋嘉猷，则入告尔后于内，尔乃顺之于外，曰：'斯谋斯猷，惟我后之德。'呜呼！臣人咸若时，惟良显哉！」

王曰：「君陈，尔惟弘周公丕训，无依势作威，无倚法以削，宽而有制，从容以和。殷民在辟，予曰辟，尔惟勿辟；予曰宥，尔惟勿宥；惟厥中。有弗若于汝政，弗化于汝训，辟以止辟，乃辟。狃于奸宄，败常乱俗，三细[3]不宥。尔无忿疾于顽，无求备于一夫。必有忍，其乃有济；有容，德乃大。简厥修，亦简其或不修。进厥良，以率其或不良。」

「惟民生厚，因物有迁。违上所命，从厥攸好。尔克敬典在德，时乃罔不变，允升于大猷[4]，惟予一人膺受多福，其尔之休，终有辞于永世。』

【注释】

①施：移。

②出入：反复的意思。师：众。虞：料想，考虑。

③三细：是说三种罪行中的细罪。三，指奸宄、败常、乱俗三种罪行。

④允：信。大猷：大道。

【译文】

周公死后，成王在周公去世之后任命君陈代替周公治理东郊殷民的策命之辞。史官依此事撰写了《君陈》。

成王如此说：『君陈！你有孝顺恭敬的美德。由于你孝顺父母，又友爱兄弟，便能够施政于邦国了。我命令你治理东郊成周，你要慎重呀！从前周公教育爱护亿万百姓，民众怀念他的美德。你要谨慎对待你的职务！要遵从周公的常道，勉力宣扬周公的教导，把百姓治理好。』

『我听到：「最好的政治会发出香气，感动神灵。不是祭祀的谷物发出香气，而是圣明的德政发出香气。」你要实施这一周公的遗训，日日孜孜不倦，不要安逸玩乐！凡人未认识到圣道，就不会看到成功之日；虽然已经认识圣道，又不能遵从圣人的教导也不能成功。你要警惕呀！你是风，民众是草，草随风而动啊！谋划殷民的政事，无有不难的；有废置，有兴办，要反复同大家商讨，对众人一致同意的，再拿来经过解析决定是否可行。你有好的谋略，便要告诉你的君主，然后在朝廷之外加以实施，而且说：这些好的谋略都出自我们有德的君主。」啊！臣下都如此，就可以显示出君主的圣明了！』

成王说：『君陈！你当宣扬周公的遗训！不要倚势作威作福，不要倚法而行苛政。要宽大而有法制，举措要恰到好处。殷民有陷入刑法的，我说处罚，你不要只按我的意见惩处；我说赦免，你也不要只按我的意见给予赦免；要思考刑法的适中。有人不顺从你的政事，不接受你的训导，处罚能够制止别人犯法，才处罚。惯于犯法，损坏常法，败坏风俗，这三方面，即使犯罪很小，也不宽恕。你不要忿恨愚钝无知的人，不要对普通百姓求全责备。必须要有所忍受，那才能有成；有所宽容，德行才能光大。要区别善良和不善良的；选用那些贤良的人，以带动影响那些不良的人。

『民本性敦厚，因为外物而有改变，常常违反上级的政令，根据自己的喜好行事。你可以以恭敬的态度对待法治，掌握法治，这样就不会使你的政教产生大的变化，并使你的政教提高到大道的水平。这样，不但我能够获得许多幸福，你的美名，最终会永远被人赞扬。』

顾命

成王将崩，命召公、毕公率诸侯相康王，作《顾命》。

惟四月哉生魄[1]，王不怿。甲子，王乃洮颒水。相被冕服，凭玉几。乃同召太保奭、芮伯、彤伯、毕公、卫侯、毛公、师氏、虎臣、百尹、御事。

王曰：『呜呼！疾大渐，惟几，病日臻。既弥留，恐不获誓言嗣，兹予审训命汝。昔君文王武王宣重光[2]，奠丽陈教，则肄肄不违，用克达殷集大命。』

『在后之侗，敬迓天威，嗣守文武大训，无敢昏逾。今天降疾，殆弗兴弗悟。尔尚明时朕言，用敬保元子钊，弘济于艰难，柔远能迩，安劝小大庶邦。思夫人自乱于威仪，尔无以钊冒贡于非几兹。』

既受命还，出缀衣于庭[3]。越翼日乙丑，王崩。

太保命仲桓、南宫毛俾爰齐侯吕伋，以二干戈、虎贲百人逆子钊于南门之外。延入翼室，恤宅宗。丁卯，命作册度。越七日癸酉，伯相命士须材。

狄设黼扆缀衣。牖间南向，敷重篾席，黼纯，华玉仍几。西序东向，敷重底席，缀纯，文贝仍几。东序[4]西向，敷重丰席，画纯，雕玉仍几。西夹南向，敷重笋席，玄纷纯，漆仍几。

越玉五重，陈宝，赤刀、大训、弘璧、琬琰在西序。大玉、夷玉、天球、河图在东序。胤之舞衣，大贝、鼖鼓[5]在西房。兑之戈、和之弓、垂之竹矢在东房。

大辂在宾阶面，缀辂在阼阶面，先辂在左塾之前，次辂在右塾之前。

二人雀弁，执惠，立于毕门之内。四人綦弁，执戈上刃，夹两阶祀。一人冕，执刘，立于东堂，一人冕，执钺，立于西堂。一人冕，执戣，立于东垂[6]。一人冕，执瞿，立于西垂。一人冕，执锐，立于侧阶。

王麻冕黼裳，由宾阶隮。卿士邦君麻冕蚁裳，入即位。太保、太史、太宗皆麻冕彤裳。太保承介圭，上宗奉同瑁，由阼阶隮。太史秉书，由宾阶隮，御王册命，曰：『皇后凭玉几，道扬末命。命汝嗣训，临君周邦，率循大卞，燮和天下，用答扬文武之光训。』王再拜，兴，答曰：『眇眇予末小子，其能而乱四方，以敬忌天威。』

乃受同瑁，王三宿，三祭，三咤。上宗曰飨。太保受同，降，盥，以异同秉璋以酢，授宗人同[7]。拜，王答拜。太保受同，祭哜宅，授宗人同。拜，王答拜。太保降，收。诸侯出庙门俟。

【注释】

①哉生魄：指月初。

②宣：显示。重光：指如日月般的互相更替照耀的光辉。

③出缀衣于庭：曾运乾说：『王病不能视朝，则出衣于庭，为群臣瞻拜之资也。』缀衣，指冕服。庭，朝位。

④东序：堂东墙。

⑤鼖：大鼓，古代的一种军鼓。

⑥垂：堂的旁边，就是堂廉。

⑦宗人：大宗伯的助手。授宗人同，指太保把酒杯给宗人。

【译文】

成王在将死的时节，命令召公、毕公领着诸侯辅助继位之君康王。史官依此事撰写了《顾命》。

四月月初，成王生病了。甲子日，成王洗好头和脸后，左右的人为他戴好王冠，披好朝服，王便靠在玉几上坐着，会见朝臣。成王召见太保、芮伯、彤伯、毕公、卫侯、毛公、师氏、虎臣，百官之长还有执事人员。

成王说：『啊！我的病情迅速加剧，重病正一天天地来临，已近危险。要是等到最后的时刻再说这些，我恐怕便不可能有机会郑重地交代后事了，如此我慎重地训诫你们。过去，我们的先君文王和武王光照天下，他们制定法规公布命令，臣民都努力遵从不敢违背，故而，他们可以讨伐殷商，完成上天赐予的治理天下的使命。』

『后来，年幼无知的我，恭敬地履行上天的威命，继承并遵守着文王和武王的伟大教诲，不敢昏乱地妄为。如今上天降下病灾，我几乎不能起床不能醒过来。希望你们要努力记住我的遗言，以爱戴尊敬的心情去保护太子姬钊，让他努力度过艰难时刻。以友好的态度去对待臣民，要安抚和教诲大大小小的诸侯国，让他们也很好地安理臣民。你们要考虑让百姓自觉地以礼法自治，而不要让太子姬钊陷于非礼啊！』

群臣接受命令后，便退朝。因为成王不能上朝理政，故而他的朝服便被拿出来放在朝廷上供群臣瞻拜。到了第二天即乙丑日，成王便驾崩了。

太保命令仲桓与南宫毛跟从齐侯吕伋，二人分别拿着一干一戈，领着一百名勇士，在南门外恭迎太子姬钊。请太子姬钊进入侧室，便忧伤地居住在这里主持丧务。丁卯这天，命令太史作册制定丧礼的准则。又过了七天，到了癸酉这天，召公和毕公便命令官员们预备发丧时用的各种器物。

守祭人在门窗之间陈设黑白相间的斧形花纹屏风与先王的礼服。门窗朝南的位置，铺设着双层竹席，斧纹的边缘都用黑白相间的丝织花边缝制起来，摆设彩玉装饰的几案。在西墙朝东的位置，铺设双层细竹篾席，镶饰彩色花边，还放有用花贝装饰的几案。在东墙朝西的位置，铺设的双层莞席，镶饰着绘有云气形状的图案，摆设雕刻玉器的几案。在堂的西边的夹室中，铺设双层青竹制成的席，镶饰着黑丝绳连缀的花边，摆设漆器几案。

镇国的大宝器也陈列出来了，同时陈列了玉器五种，此外把红色的宝刀，先王的遗训以及大的玉璧、玉珪，摆设在西墙向东的席前。大玉、夷玉、天球、河图，摆设在东墙向西的席前。胤制作的舞衣、大贝壳、大军鼓、摆设在西面。把兑制的戈、和制的弓、垂制的竹矢，摆设在东房。

王的大车放置在宾客们所走的台阶前，缀车放置在主人走的台阶前，先车放在门左侧堂屋的前面，木车放在门右侧堂屋的前面。

二人戴着赤黑色的礼帽，执矛，站在祖庙门里面。四人戴着青黑色的礼帽，执着戈，戈刃向外，相向地站在门庭两旁的台阶上。一人头戴礼帽，拿大斧，站立在东堂的前面。又一人头戴礼帽，拿大斧，站立在西堂的前面。又一人头戴礼帽，拿三尖矛，站立在东堂外边。又一人头戴礼帽，拿三尖矛，站立在西堂外边。还有一人头戴礼帽，拿矛，站立在北堂北面的台阶上。

王头戴麻制礼帽，衣着绣有斧形花纹的礼服，从西阶上来。卿士和众诸侯头戴麻制礼帽，衣着黑色礼服，进入中庭，各人站在规定的位置上。太保、太史、太宗也都头戴麻质礼帽，衣着红色礼服。太保捧着大圭，太宗捧着酒杯和瑁，从东阶上来。太史拿着册书，从西阶走上来，迎着康王宣读成王的遗命，说：『大王靠着玉几，公布他的临终遗命，命令你继承文王、武王的大训，继承王位治理周国，遵从大法，治理天下，显扬文王、武王的明训。』王拜了又拜。此后起来，答复说：『我这个微不足道的小子，如何能像先王那样治理四方，敬畏天威呢！』

王接受了酒杯与瑁，前进三次，奠酒三次，向后退行三次。上宗讲：『王啊，请喝酒！』王喝酒后，太保接过酒杯，走下堂，洗手，又登上堂，用璋瓒自斟一杯酒，便退了下来把酒杯交给宗人，对王下拜，给助祭人一杯酒，助祭人行礼拜谢，王回礼答谢。太保又从助祭人那儿接过酒杯，祭酒，尝酒，便退了下来，把酒杯交给助祭人，助祭人行礼拜谢，王又回礼答谢。太保从西阶走下堂，礼毕，撤掉全部的陈设仪仗。

诸侯卿士们都走出祖庙门。恭迎康王视朝。

康王之诰

康王既尸天子，遂诰诸侯，作《康王之诰》。

王出在应门之内，太保率西方诸侯入应门左，毕公率东方诸侯入应门右，皆布乘黄朱①。宾称奉圭兼币曰：『一二臣卫，敢执壤奠。』皆再拜稽首。王义嗣德答拜。

太保暨芮伯咸进相揖，皆再拜稽首曰：『敢敬告天子，皇天改大邦殷之命，惟周文武诞受羑若，克恤西土。惟新陟王毕协赏罚，戡定厥功，用敷②遗后人休。今王敬之哉。张皇六师。无坏我高祖寡命。』

王若曰：『庶邦侯甸男卫，惟予一人钊报诰。昔君文武丕平富，不务咎，厎至齐，信用昭明于天下。则亦有熊罴之士，不二心之臣，保乂③王家，用端命于上帝。』

『皇天用训厥道，付畀四方，乃命建侯树屏，在我后之人。今予一二伯父尚胥暨顾，绥尔先公之臣服于先王。虽尔身在外，乃心罔不在王室。用奉恤厥若，无遗鞠子④羞。』

群公既皆听命，相揖，趋出。王释冕，反⑤，丧服。

【注释】

①布乘：诸侯的礼服。黄朱：黄、红色。

②敷：施予，给予。

③保乂：安治。

④鞠子：稚子，康王自称。

⑤反：同『返』，返回守丧的路寝旁室。

【译文】

周康王即位后，向诸侯公布了一道诏命。史官依此事撰写了《康王之诰》。

王从应门内走出。太保召公领着西方的诸侯国君从应门左侧进去迎接国王，毕公领着东方的诸侯国君从应门的右侧进去迎接国王，他们都穿着黄、红色礼服。诸侯国君拿着朝见用的圭，并分别献出不同的贡享，讲：『我们这些做臣子的，大胆地献出地方上的土产希望王能够收下！』诸侯都再拜叩头。继王以国王的身份，升上台阶回礼答拜。

太保和芮伯一起走向前，相互作揖后，同向王再拜叩头。他们说：『恭敬地报告天子，伟大的天帝改变了大国殷的命运，我们周国的文王、武王大受福祥，可以安定西方。刚逝世的成王，赏罚全都合宜，可以成就他的功业，把幸福普遍地留给我们后人。如今王要谨慎啊！要加强王朝的六军，不要毁弃我们高祖的大命。』

王如此说：『各位诸侯，如今我姬钊特此通告你们并向你们发布命令。先君文王、武王使国家的礼法大大地完备起来，仁厚而不滥施刑罚，一切措施都恰到好处，因此先王的威信有如光辉普照天下。还有勇武的将士，忠心的大臣，保护治理我们的国家，以端正上帝赐予的大命。

『上天依从先王的治理之道，把天下交给我们。并且还要分封诸侯，树立屏障，帮助我们后代子孙治理国家。如今，我们同姓诸侯中的大国，都能够尽心地扶持王室，继续像你们的祖先臣服于先王那样。这就说明你们虽然身在朝廷之外，你们的心却无不在王室。你们应时刻关心着王室，不使我这年幼无知的人犯下什么过错。』

众位大臣都听完了命令，相互作揖，快步走出。康王脱去礼服，回到居丧的侧室，身着丧服。

毕命

康王命作册毕，分居里，成周郊，作《毕命》。

惟十有二年，六月庚午，朏。越三日壬申，王朝步自宗周，至于丰。以成周之众，命毕公保釐[①]东郊。

王若曰：『呜呼！父师，惟文王、武王敷大德于天下，用克受殷命。惟周公左右先王，绥定厥家。毖殷顽民，迁于洛邑，密迩王室，式化厥训。既历三纪，世变风移，四方无虞，予一人以宁。道有升降，政由俗革，不臧厥臧，民罔攸劝。惟公懋德，克勤小物，弼亮四世，正色率下，罔不祗师言。嘉绩多于先王，予小子垂拱[②]仰成。』

王曰：『呜呼！父师，今予祗命公以周公之事，往哉！旌别淑慝，表厥宅里，彰善瘅恶，树之风声。弗率训典，殊厥井疆，俾克畏慕。申画郊圻，慎固封守，以康四海。政贵有恒，辞尚体要，不惟好异。商俗靡靡，利口惟贤，馀风未殄，公其念哉！我闻曰：「世禄之家，鲜克由礼。」以荡陵德，实悖天道。敝化奢丽，万世同流。兹殷庶士，席宠惟旧[③]，怙侈灭义，服美于人。骄淫矜侉，将由恶终。虽收放心，闲之惟艰。资富能训，惟以永年。惟德惟义，时乃大训。不由古训，于何其训。』

王曰：『呜呼！父师，邦之安危，惟兹殷士。不刚不柔，厥德允修。惟周公克慎厥始，惟君陈克和厥中，惟公克成厥终。三后协心，同底于道，道洽政治，泽润生民，四夷左衽，罔不咸赖。予小子永膺多福。公其惟时成周，建无穷之基，亦有无穷之闻。子孙训其成式，惟乂。呜呼！罔曰弗克，惟既厥心；罔曰民寡，惟慎厥事。钦若先王成烈，以休于前政。』

【注释】

①釐：治理。

②垂拱：垂衣拱手，比喻很容易就能取得成功。

③席：凭借。宠：宠荣，这里指先人的宠荣。旧：已往，原先。

【译文】

周康王命令拟制册书，册命毕公治理成周，划分殷民住地的疆界，以安定周都的城郊。史官记载下这桩史实，撰写出《毕命》。

周康王十二年六月庚午日，新月露出光辉。第三天即壬申日这一天，康王一大早便步行离开镐京，到达丰邑，把成周的百姓委托给毕公，命令他去安抚治理王都的东郊。

君王如此说：『哎呀！太师毕公，文王、武王在天下广泛施行德政，因而可以从殷国那儿承受天命。而周公辅助先王，为安抚、稳定国家，训诫殷商顽民，把他们迁移到洛邑居住，让他们亲近王室，他们便被周公的教导感化了。从那时到现在，已经经历了三十六年的岁月，世道与风俗都发生了变化，天下再也没有什么值得忧虑的事情了，我故而感觉很安宁。不过，世道既有好的方面也有坏的方面，政教也要跟随风俗的变化而变化。要是不表彰良善，就无法劝勉民众弃恶从善。你努力施行德教，连处理小事都可以勤勉不懈，前后辅助四代君王，公正的风采成为天下的表率，臣民对你的教诲之言都很尊崇。你的美好的政绩深受先王敬重，我依靠您的辅佐也成就了一番功绩。』

君王说：『哎呀！太师毕公啊，现在，我恭敬地把周公遗留下治理殷民的重任托付给你，你就前去实行这一职责吧！到了那儿，你要区别善恶，对于弃恶从善的殷民，要表扬他们的故里，以表彰良善，憎恨坏人，树立起美善的风气。对于不遵循教令的殷民，划出一个特别区域让他们居住，以便使他们能够知道畏惧和羡慕，谨慎地加强封界的守备，从而安定天下。为政贵在持之以恒，言语简明扼要，不可好奇求异。殷商风俗娇柔浮华，以巧辩为贤能，此种遗风至今还没绝迹，这一点你可要好好考虑啊！我听说过这样一句名言：「世世代代享受俸禄的人家，很少可以遵从礼法。」他们以放荡之行毁坏善德，严重违反天道，败坏风化，奢侈浮华，后代的弊端发源于此。殷商的众多官员，长期依靠以往的恩宠，放纵奢欲，因而失掉了义，服饰也华美夸示于人。要是他们继续骄横放纵，自夸自大，将会终身作恶。而就算他们可以收敛放荡的心气，要约束他们走上邪路依然是很困难的。资财富足而又可以遵从教化，能够延年益寿，持德行义，这是一条伟大的古训，我们应当遵从。要是不遵守古训，那么，我们还有什么可遵循的呢？』

君王说：『哎呀！父师，国家的安危，现在依然在于教化这些殷民。对于他们，不可过于强硬，也不可过于软弱，而要刚柔相济，如此，他们的品德便可以培养好了。对于殷民的教化，周公慎重地开了一个好头，君陈的方法也是和谐得体的，以后你要最终完成这一使命。你们三位齐心协力，共同达到大道，使政治符合于大道，你们的恩泽有如春雨，滋润着天下民众。四方边远的民众，都离不开你们，连我这个年轻人也因为依赖你们才能够永远享有厚福。希望你在这洛邑，为周国建立无穷的基业，同时也拥有万世流芳的美名。如此，子孙们今后只要遵从你的成法治理国家，天下便能安定。哎呀！你不要说不能胜任，而要尽心尽力去完成使命；不要觉得那里民众人数不多因而不值得治理，尽管人数不多，而要想治理好还需要事事慎重。你要恭敬地继承先王盛大的事业，并获得比以前更加美好的功绩。』

君牙

穆王命君牙，为周大司徒，作《君牙》。

王若曰：『呜呼！君牙。惟乃祖乃父，世笃忠贞，服劳王家，厥有成绩，纪于太常。惟予小子，嗣守文、武、成、康遗绪[①]，亦惟先正之臣，克左右乱四方。心之忧危，若蹈虎尾，涉于春冰。』

『今命尔予翼，作股肱心膂。缵乃旧服。无忝祖考[②]，弘敷五典，式和民则。尔身克正，罔敢弗正，民心罔中，惟尔之中。夏暑雨，小民惟曰怨咨；冬祁寒，小民亦惟曰怨咨。厥惟艰哉！思其艰以图其易，民乃宁。呜呼！丕显哉，文王谟！丕承哉，武王烈！启佑我后人，咸以正罔缺。尔惟敬明乃训，用奉若于先王，对扬文、武之光命，追配于前人！』

王若曰：『君牙，乃惟由先正旧典时式，民之治乱在兹。率乃祖考之攸行，昭乃辟之有乂[③]。』

【注释】

①予小子：周穆王谦称。嗣：继。文、武、成、康，为周之有功绩的先王。

②缵：继承。乃：你的。旧服：指君牙的祖先忠贞服劳之事。忝：辱。祖考：指君牙的祖先。

③昭：显扬，光大。乃辟：你的君王，指穆王。

【译文】

周穆王命君牙出任周国的大司徒，史官依此事撰写出《君牙》。

周穆王如此说：『啊！君牙。你的祖父与你的父亲，世代纯厚忠正，为王室勤劳服务，他们有功业，记载在画有日月的太常旗上。年轻的我继承守文王、武王、成王、康王的遗业，也想让先王的臣下可以辅佐我治理四方。我心里的担忧畏惧，就如同踩着虎尾，就如同走在春天的薄冰上。』

『如今我命令你辅佐我，作我的心腹近臣，继续你祖先的职务。要无愧于你的祖先，广泛弘扬五常之教，使民众和谐而遵守法纪。你自身端正，便没有人敢不正。百姓心中没有正确的标准，只能以你的行为作为标准。夏天炎热多雨，百姓只是哀叹；冬天严寒，百姓也只是哀叹。他们艰难呀！想到他们的艰难，故而谋求改善的办法，百姓才会安宁。啊！光大显扬的，是文王的宏图！大力继承的，是武王伐商的功业。他们能够启示护佑我们后人，凡事都要出于正道，而不要有所疏漏。你当尊敬并努力奉行这些训诫，好像遵循先王的遗训一样，来报答赞扬文王、武王的伟大遗命，努力赶上你的祖先。』

周穆王讲：『君牙！你要继承你祖先的职务，履行先王老臣的法制，以这些旧有的法制作为准则加以推行，百姓或治或乱，都看你是否能够这样做。遵从你祖先的做法，光大你君王的治道。』

冏命

穆王命伯冏，为周太仆正，作《冏命①》。

王若曰：『伯冏，惟予弗克于德，嗣先人宅丕后，怵惕惟厉。中夜以兴，思免厥愆。』

『昔在文、武，聪明齐圣，小大之臣，咸怀忠良，其侍御仆从，罔匪正人。以旦夕承弼厥辟，出入起居，罔有不钦；发号施令，罔有不臧。下民祗若②，万邦咸休。』

『惟予一人无良，实赖左右前后有位之士，匡其不及，绳愆纠缪，格其非心，俾克绍先烈。今予命汝作大正，正于群仆侍御之臣，懋乃后德，交修不逮。慎简乃僚，无以巧言令色，便辟侧媚，其惟吉士。仆臣正，厥后克正；仆臣谀，厥后自圣。后德惟臣，不德惟臣。尔无昵于憸人，充耳目之官，迪上以非先王之典。非人其吉，惟货其吉，若时，瘝[3]厥官。惟尔大弗克祇厥辟，惟予汝辜。』

王曰：『呜呼，钦哉！永弼乃后于彝宪[4]。』

【注释】

①冏（jiǒng）：冏伯，人名，周穆王时任太仆正。

②祇若：恭敬顺服。

③瘝（guān）：败坏。

④永弼：永远辅佐。彝：常。宪：法。

【译文】

周穆王任命伯冏出任周的太仆正，史官撰写册书，名为《冏命》。

王如此说：『伯冏啊！我未能培养好我的品德，继承先王的事业登上天子的大位，心中恐惧得很厉害，像是处在危险的境地。甚至半夜起来，思考如何免除过错。』

『过去，文王、武王博闻、广识、通达、神圣，大小臣子都想忠贞善良。那些服侍左右、掌管车马服饰的近臣仆役，没有一个不是忠诚正直的人。他们早晚服侍、匡正他们的君王，故而君王出入起居，没有不慎重的；发号施令，没有不正确的。民众恭敬顺服，万国无不美好。』

『我没有善德，真的要依靠左右前后有职位的贤士，匡正自己的不足，批评过错，纠正邪心，使我可以继承祖先的功业。如此我任命你担任大正这个官职，匡正左右近臣，努力培养提高你的君主的品德，帮助我提高尚未达到的品德。你要慎重地选择你的部属，不要任用那些巧言令色、阿谀奉承的小人，只可以选用品德高尚的君子。群仆近臣正，他们的君主才会正；群仆近臣谄媚，他们的君主便自以为圣明。君主有德在于臣下，君主失德也在于臣下。你不要亲近会说的小人，让他们担任近臣，引着君上去违反先王的法典。不是因为这个人善良，而只是因为财物便认为他善良，如此，便是败坏自己的官职，由于你很不敬重你的君主，我便要惩罚你。』

穆王说：『嗯，要恭敬啊！永远辅佐你的君王实行法度。』

吕刑

吕命穆王训丰夏赎刑，作《吕刑》。

惟吕命。王享国百年，耄[1]，荒度作刑，以诘四方。

王曰：『若古有训，蚩尤惟始作乱，延及于平民。罔不寇贼，鸱义奸宄，夺攘矫虔。苗民弗用灵，制以刑，惟作五虐之刑曰法。杀戮无辜，爰始淫为劓刵椓黥。越兹丽刑并制，罔差有辞。』

『民兴胥渐，泯泯棼棼，罔中于信，以覆诅盟。虐威庶戮，方告无辜于上。上帝监民，罔有馨香德，刑发闻惟腥。皇帝哀矜庶戮之不辜，报虐以威，遏绝苗民，无世在下。乃命重黎绝地天通，罔有降格[2]。群后之逮在下，明明棐常，鳏寡无盖。』

『皇帝清问下民，鳏寡有辞于苗。德威惟畏，德明惟明。乃命三后恤功于民：伯夷降典，折民惟刑；禹平水土，主名山川；稷降播种，农殖嘉谷。三后成功，惟殷于民。士制百姓于刑之中，以教祗德。』

『穆穆在上，明明在下，灼于四方，罔不惟德之勤，故乃明于刑之中，率乂于民棐彝。典狱，非讫于威，惟讫于富。敬忌，罔有择言在身，惟克天德[3]，自作元命，配享在下。』

王曰：『嗟！四方司政典狱，非尔惟作天牧？今尔何监？非时伯夷播刑之迪？其今尔何惩？惟时苗民匪察于狱之丽。罔择吉人，观于五刑之中，惟时庶威夺货，断制五刑以乱无辜。上帝不蠲，降咎于苗。苗民无辞于罚，乃绝厥世。』

王曰：『呜呼！念之哉。伯父，伯兄、仲叔，季弟、幼子、童孙，皆听朕言，庶有格命。今尔罔不由慰曰勤，尔罔或戒不勤。天齐于民，俾我一日。非终惟终在人。尔尚敬逆天命，以奉我一人。虽畏勿畏，虽休勿休。惟敬五刑，以成三德。一人有庆，兆民赖之。其宁惟永。』

王曰：『吁！来，有邦有土，告尔祥刑。在今尔安百姓，何择非人？何敬非刑？何度非及？』

『两造具备[4]，师听五辞。五辞简孚，正于五刑。五刑不简，正于五罚。五罚不服，正于五过。五过之疵：惟官、惟反、惟内、惟货、惟来。其罪惟均，其审克之。』

『五刑之疑有赦，五罚之疑有赦，其审克之。简孚有众，惟貌有稽，无简不听，具严天威。』

『墨辟疑赦，其罚百锾，阅实其罪。劓辟疑赦，其罚惟倍，阅实其罪。剕辟疑赦，其罚倍差，阅实其罪。宫辟疑赦，其罚六百锾，阅实其罪。大辟疑赦，其罚千锾，阅实其罪。墨罚之属千，劓罚之属千，剕罚之属五百，宫罚之属三百，大辟之罚，其属二百，五刑之属三千。』

『上下比罪，勿僭乱辞。勿用不行，惟察惟法，其审克之。』

『上刑适轻，下服。下刑适重，上服。轻重诸罚有权。刑罚世轻世重。惟齐非齐，有伦有要。』

『罚惩非死，人极于病。非佞折狱，惟良折狱，罔非在中。察辞于差，非从惟从。哀敬折狱，明启刑书胥占，咸庶中正。其刑其罚，其审克之。狱成而孚，输而孚。其刑上备，有并两刑。』

王曰：『呜呼！敬之哉，官伯族姓。朕言多惧，朕敬于刑，有德惟刑。今天相民，作配在下。明清于单辞，民之乱，罔不中听狱之两辞。无或私家于狱之两辞。狱货非宝，惟府辜功，报以庶尤。永畏惟罚。非天不中，惟人在命。天罚不极，庶民罔有令政在于天下。』

王曰：『呜呼！嗣孙，今往何监？非德于民之中，尚明听之哉！哲人惟刑。无疆之辞，属于五极。咸中有庆，受王嘉师，监于兹祥刑。』

【注释】

①耄（mào）：年老。

②格：能沟通天人意见的人。

③克：肩负、自任。天德：上天立下的道德准则。

④两造具备：意指诉讼的双方全部到齐。

【译文】

甫侯劝谏周穆王重申并实施夏代的赎刑。穆王采纳了吕侯的建议。史官依此事撰写了《吕刑》。

甫侯劝谏制定刑法。穆王在位的时间很久，到了年老的时候，依据宽大的准则制定了刑法，以此来治理四方的诸侯。

穆王说：『古时本有良好的道德风尚，蚩尤开始作乱，他的恶劣行为影响到了民众。人们无不成为贼寇，胡作妄为，内外作乱，相互强取欺凌。苗民不遵循政令，蚩尤便用刑罚来制服他们，制定了五种残酷的刑罚，称为法律。杀害无罪的人，开始过分地采用劓、刵、椓、黥等刑罚。或者既罚以金，又加以刑，又没收他的家产，从来不听取受刑人的申诉』。

『平民互相欺诈，社会十分紊乱，没有诚信，以至于违反盟约。蚩尤用残暴的刑罚来处罚百姓，百姓纷纷向上帝申诉自己无罪。上帝考察臣民的实情，看见蚩尤没有芬芳的德政，刑法所散发的只有血腥之气。上帝哀怜百姓无辜被杀的不幸，便用惩罚来惩治那些暴虐的人，斩尽杀绝了那些为非作歹的苗民，让他们没有后嗣留在世上。同时还命令重负责神道，命令黎负责理民，恢复以往制度，各司其职，也不再降下可以沟通天人意见的人。以后相继的历任君主，都能清楚地看到民神杂糅之风的危害，舍弃酷刑，让那些无依无靠的人，不再受到危害。』

『上帝询问百姓，鳏寡之人都对有苗发出了怨言，于是再次惩罚有苗。德政的威严让人敬畏，德教的彰明令人悦服。于是命令三位长官为百姓建立功绩：伯夷颁布法典，用刑法来审理百姓的案情；大禹平治水土，管理名山大川；后稷教民播种，努力栽种好庄稼。三位长官的功业完成了，使百姓富足起来。士师教导臣民遵守法令制度，而不至于犯罪受到刑罚，教导百姓敬重德行。』

『当国王有美德在上，大臣们努力治事在下，德政的光明照耀四方，没有人不勤勉地根据德教办事，因此用刑完全合乎法律，臣民完全服从统治，而乐于服从法律。主理案狱的人，不是完全用刑威解决问题，而是用德教解决问题，为民谋利。人们都可以怀着敬畏的心情做事，没有人自己敢说坏话，而能遵守公德，所以能求得长寿，以享受上天所恩赐的幸福。』

王说：『唉！四方的诸侯们，难道你们不是替上天治理臣民的吗？如今你们要学习什么呢？难道不是伯夷所制定的法律制度吗？如今你们要以什么作为训诫呢？难道不正是苗民不考察狱事而使民陷于水火之中的过错吗？他们不选择有道德的人去考察五刑是否用得适当，这便是苗民任用虚张威势，掠夺财物，裁决五刑，乱罚无罪，使无辜的臣民遭受祸殃。上帝不加宽赦，降灾给苗民。苗民没有理由解除上帝的惩处，因而遭到覆亡，禁绝了他们的后嗣。』

王说：『唉，你们要记住这个训诫！伯父、伯兄、仲叔、季弟和幼子小孙们，都要顺从我的话，这样差不多会享有大命。如今你们无不自我宽慰地说：「我们已经十分勤劳了。」你们没有人能以不勤劳作为警戒。上天为了整顿臣民，使我们今天掌握权柄，我们不能滥用职权。犯人是偶尔犯罪，还是一贯犯罪，要在认真考察他的行为之后，再决定给予什么处分。你们应当尊重地对待天命，以拥戴我一人。在断狱的时候，虽然遇到了可怕的事情也不要害怕，虽然弄清了案件的原委也不要高兴。只能严格地遵守法律，以成就三德。一人办了好事，亿万臣民便会得到幸福。这样，我们的国家就会永远安宁了。』

王说：『唉，来吧！诸侯国君与各位大臣，我告诉你们要善用刑，现在你们安定民众，要选择什么呢？不是贤人吗？要恭慎什么呢？不正是刑罚吗？要审议什么呢？不就是判断适宜吗？』

『诉讼的双方都来齐了，负责考察狱情的官员，便要从五个方面去考察案情。考察和核对的结果与事实相符，便把他的罪情跟五刑的规定查对一下，看看应该给予怎样的刑罚。如果罪情和五刑的规定不相应，便查看一下五罚的规定，看看应该给予怎样的惩罚。如果罪情轻，跟五罚的规定不相应，那就根据五过的规定加以宽恕。但运用五过的规定时，要防止弊端的发生：比如审理案情的人，或仗着自己威势随意处理，或乘机报恩报怨，或者害怕高位的人不敢依法处理，或乘机勒索财物，或贪赃枉法。这样处理案情，必定会发生偏差和错误。如果审理案情的人犯了这些错误，那就应当和犯人一样受到惩罚。你们可要根据事实进行审判啊！』

『凡是用五刑的规定去惩处其罪行而感到有疑问的，便可减等按照五罚的规定处理；如果按照五罚的规定去处理仍有疑问的，便减等按五过的规定来处理，但一定要认真地考查。可以跟广大的民众核对，即使是细小的情节也要谨慎地核对，没有事实根据的便不要论罪，但处理事也不能一味从轻，要能保持住上天的威严。』

『处以墨刑而感到有疑问的，可以从轻处理，罚以黄铜六百两，然后赦免他的罪行。处以割鼻之刑而感到有疑问的，罚以黄铜一千二百两，然后赦免他的罪行。处以断足之刑而感到有疑问的，罚以黄铜三千两，然后赦免他的罪行。处以宫刑而感到有疑问的，罚以黄铜三千六百两，然后赦免他的罪行。处以死刑而感到有疑问的，罚以黄铜六千两，然后赦免他的罪行。墨刑的条目是一千条，割鼻之刑的条目一千条，断足之刑的条目五百条，宫刑的条目三百条，死刑的条目二百条，五刑的条目，合在一起，共计三千条。』

『罪重者处以重刑，罪轻者处以轻刑，对于犯人的供词和决狱之辞，都要力求与事实相符，不要发生差错。不要采用大赦的办法，一定要核其罪情，并要根据法律办事，希望你们一定要根据事实进行审判啊！罪情较重，本应处以重刑，但只是偶尔为之，不是一贯不法，便可以从轻处理。罪情较轻，本应从轻处理，但因是一贯不法或故意犯罪，便应当从重处理。惩罚是轻是重，可以根据具体情况，灵活掌握，以便使惩罚达到完全适宜的程度。刑罚的轻重还可以根据社会的具体情况来决定：处以乱世用刑宜轻，处以治世用刑宜重。总之，刑罚的轻重既要根据犯人的具体情况，也要根据社会的具体情况决定，当然也要依据法律的条款和纲要来处理，不能任意决定。』

『五刑的罚金，虽然没把犯人置于死地，但也给他造成很大的困难了。判断狱情不要倚仗辩解的口才而要心怀忠厚，务使案情的判断完全得当。主持断狱的人，要认真考查犯人供词的矛盾，犯人虽然口头上不承认，但从其供词来看，其罪情还是属实的，那也就算是承认了。要怀着悲哀和怜悯的心情来处理案件。应当打开刑书，根据法律规定，仔细掂量，使案件的处理都达到正确无误的程度。或按五刑处理，或按五罚处理，都要查清事实进行审判。如果供词有出入，应当细察其是非曲直而变更之。这样做，供词定案，就能够取信于人，如果供词根据情况有了变更，也能够取信于人，犯人也会悦服。案情核实之后，便据实上报。如果是犯两种罪的，只按一种罪来惩罚。』

王说：『唉！要谨慎地对待狱事啊，诸侯国君同宗的父兄昆弟子侄们。在我谈论祥刑的时候，多畏惧之词，这是因为我懂得应当谨慎地对待刑律，并且了解要想有德于民，也必须依赖这些刑律。现在上天为了造福臣民，才为他们设立了君主和官长，在下面受理臣民。因此对待案情处理必须谨慎从事，对于没有佐证的单方面的言论，必须明察；要想正确地处理臣民的案情，没有不是兼听诉讼双方的供词的。听取供词时，一定要心存公允，不可因听信一方之词而有所私袒，更不可贪图贿赂而有所偏护。刑狱的罚金是为了表示惩罚。不可把它看作财宝而据为己有，如果这样，一定会招致臣民的怨恨，而国家对这样的官吏也一定要严加惩处，以回答臣民的要求，解除他们的怨恨情绪。要永远以敬畏的心情对待刑罚。并不是上天对那些贪赃枉法的官吏不公平，而是那些人自招绝命的祸殃。假如上天不把严厉的惩罚加到他们的身上，那么天下万民就不可能享有美好的政治生活了。』

王说：『唉！子孙们，从今以后你们以什么作为借鉴呢？难道不正是德教吗？为臣民受理案件的时候，一定要明察啊！对于无穷无尽的供词，一定要反复考查，使处理合于五刑的规定。处理得当，臣民就会都得到幸福，为王受理臣民的人，一定要认真看待我所说的祥刑啊！』

文侯之命

平王锡晋文侯秬鬯、圭瓒，作《文侯之命》。

王若曰：『父义和，丕显文武，克慎明[1]德，昭升于上，敷闻在下，惟时上帝，集厥命于文王。亦惟先正克左右昭事厥辟，越小大谋猷罔不率从，肆先祖怀在位。呜呼！闵予小子嗣，造天丕愆。殄资泽于下民，侵戎，我国家纯。即我御事，罔或耆寿，俊在厥服，予则罔克。曰：「惟祖惟父其伊恤朕躬。」呜呼！有绩予一人，永绥在位。父义和，汝克绍乃显祖。汝肇刑文武，用会绍乃辟，追孝[2]于前文人。汝多，修扞我于艰，若汝，予嘉。』

王曰：『父义和，其归视尔师，宁尔邦。用赉尔秬鬯一卣，彤弓一，彤矢百，卢弓一，卢矢百，马四匹。父往哉！柔远能迩。惠康小民，无荒宁。简恤尔都，用成尔显德。』

【注释】

①明：勤勉。

②追孝：孝，效法。继续效法。

【译文】

周平王赐予晋文侯香酒与酒器，嘉奖他的功绩。史官记载下这桩史实，写出了《文侯之命》。

君王如此说：『伯父义和啊！因为伟大而光辉的文王和武王可以谨慎地修养德行，勤恳地施行德政，他们的善德为上天所知晓，他们的美名扬于天下，于是上天就把治理天下的大命托付给了他们。又因为当时的大臣可以勤勉地辅助、侍奉他们的君王，对于君王的德教和各种治国的谋略无不遵守，故而先祖们才可以安然在位。哎呀！不幸的是，我这个年轻人继位的时候，我们周国受到上天的严厉责罚，民众的资财被断绝，年成荒歉，又遭逢战祸，众多大难侵扰我们的国家。现在，我的治事官员中，没有老成持重、才能杰出的人能够选拔出来出任要职。我深感自己难以胜任，故而我请求：祖辈与父辈的诸侯们，你们都来为我分忧啊！哎呀！为我建功立业吧，使我可以永远安居天子大位。伯父义和啊！你可以以你的伟大先祖唐叔为榜样，努力效法文王和武王，会同诸侯保卫王室，追思你的具有文治功德的祖先。如果你战功显赫，在我困难的时候来保卫我，对你这样的人，我要进行嘉奖。』

王说：『伯父义和啊！但愿你回去整顿你的军队，让你的国家安定下来。如今，我赐予你香酒一壶，红弓一张，红箭百支，黑弓一张，黑箭百支，良马四匹。伯父，你回去吧！回去以后，要像亲善近邻那般安抚远方的臣民，让民众生活安康。不要荒废政务，贪图安逸。要专心致志地治理你的国家，从而成就你辉煌的大德。』